Kurt Gibel

Die Weinsteckbriefe

430 Regionen und
ihre Weine im Überblick

Hallwag

Inhaltsverzeichnis

Das ist doch kein typischer Chianti!

Der vermeintliche Modernist liebt ihn marmeladeähnlich und fleischig, der Kenner will die Terroirnoten des Gewächses wiedererkennen können: die Rebsorte, die Bodenbeschaffenheit, das Klima, die Handschrift des Winzers.

Das Rad der Zeit ist nicht zurückzudrehen: industrielle Weinbaumethoden, verändertes Konsumverhalten, Globalisierung. Wein ist hip, Chardonnay ist hip, Cabernet Sauvignon steht auf jeder Weinkarte.

Wer sich eingehender mit Wein beschäftigt, weiß, dass es jenseits der uniformen, vanillegeschwängerten Fruchtbomben sehr wohl noch eine Weinwelt gibt, die zu entdecken sich lohnt (und wo man notabene ein Leben lang nie ans Ziel kommt). Eine unglaubliche Vielfalt von Weinen, die sich nicht nur als Brotaufstrich, sondern auch als echte Essensbegleiter und für genussvolle Stunden eignen.

Ich möchte Ihnen, liebe Leserin, lieber Leser, einen kompakten Überblick über die bedeutendsten 430 Weinbaugebiete in 13 Ländern und deren Weine geben.

Gehen Sie auf Entdeckungsreise. Welches sind die interessanteren Zonen einer Region? Wie lange können gute Jahrgänge lagern? Welche Rebsorten werden verwendet? Wie könnten diese Weine schmecken? Vergleichen Sie Ihre eigenen Sinneseindrücke mit den beschriebenen. Und streifen Sie auch das Kapitel »Aus dem Zauberland«.

Auf dass es immer Terroirweine abseits des Mainstreams geben möge, die uns spannende und einzigartige Genüsse offenbaren!

Hinweise zum Gebrauch

Rebflächen (ha)

Die Hektarzahlen ändern sich infolge Rodungen und Neuanpflanzungen laufend, zudem sind verschiedene Regionen nicht in der Lage, verlässliche Statistiken zu ihren Anbaugebieten zu veröffentlichen. Trotzdem können Ihnen diese Werte dabei helfen, die Größe respektive die Exklusivität einer Region zu erkennen. Was aber beileibe nicht heißt, dass ein rarer Wein immer gut und ein Tropfen aus einer großen Zone schlecht oder nur mittelmäßig sein muss – ganz im Gegenteil.

Weintyp

WW	Weißwein	Sch	Schaumwein
RW	Rotwein	SüW	süßer Weißwein
Rs	Rosé	SüR	süßer Rotwein

Regionen-/Rebsortenbewertung

Die Qualitätsspanne einer Region wird wie folgt bewertet:

- einfache Tischweine
- gut und entdeckenswert
- überdurchschnittlich
- außergewöhnlich, oft auch teuer

Beispiele:

- Diese Region/Rebsorte erbringt in der Regel einfache bis gute Weine.
- Sie dürfen gute bis außergewöhnliche Weine erwarten.
- Sehr heterogen, alles ist möglich.

Im Weinbau gibt es keine »Sippenhaftung«, jeder Winzer ist für seine Produkte selbst verantwortlich. Deshalb ist diese Bewertung mit der nötigen Distanz zu betrachten.

Rebsorten

In verschiedenen Weinbauregionen ist die Rebsortenauswahl haarklein vorgeschrieben, in anderen hat der Winzer mehr Freiheiten. Die Rebsortenübersicht gibt einen Überblick über die am häufigsten vorkommenden Rebsorten einer Region und erhebt damit keinen Anspruch auf vollständige Berücksichtigung aller Vorschriften für Weine mit kontrollierter Herkunftsbezeichnung (AOC, DOC, DO etc.).

= großer Anteil
= mittlerer Anteil
= geringer Anteil

In den Überseeländern sind die für eine Rebsorte führenden Regionen mit folgenden Symbolen gekennzeichnet:

= großer Anteil
= mittlerer Anteil
= geringer Anteil

Charakteristiken

Wer regelmäßig Weine verkostet, weiß, dass jeder Wein anders schmeckt, auch von Jahrgang zu Jahrgang, »Zauberland« Weine davon mal ausgenommen. Und doch gibt es Gemeinsamkeiten, die die Weine einer Region charakterisieren können. Von diesen Charakterzügen und Merkmalen ist in diesem Buch die Rede.

Médoc

			ROT					
			Cabernet Sauvignon	Cabernet franc	Merlot	Petit Verdot	Malbec	Carmenère
Haut-Médoc ■■■□ RW	5–15+ Jahre	*4600 ha*	●●●●●●	●	●●●	●	●	●
Listrac-Médoc ■■■□ RW	5–15+ Jahre	*670 ha*	●●●●●●	●	●●●	●	●	●
Margaux □□■■ RW	10–20 Jahre	*1410 ha*	●●●●●●	●	●●●	●		
Médoc ■■■□ RW	5–10+ Jahre	*5200 ha*	●●●●●●	●	●●●	●	●	●
Moulis-en-Médoc ■■■□ RW	5–15+ Jahre	*590 ha*	●●●●●●	●●●	●●●	●	●	●
Pauillac □□■■ RW	10–25 Jahre	*1180 ha*	●●●●●●	●	●●●			
St-Estèphe □■■■ RW	10–20 Jahre	*1250 ha*	●●●●●●	●	●●●	●		
St-Julien □□■■ RW	10–20 Jahre	*910 ha*	●●●●●●	●	●	●	●	

GUT ZU WISSEN: *Die Klassifikation der Weingüter im Médoc und in den Graves wurde 1855 durch Napoléon III. in Auftrag gegeben und seither nur einmal, 1973 für Château Mouton Rothschild, angepasst. Kein Wunder, dass sie von aufstrebenden Weingütern immer wieder in Frage gestellt wird …*

- *1er cru classé*
- *2ème cru classé*
- *3ème cru classé*
- *4ème cru classé*
- *5ème cru classé*

Medoc = Cabernet Sauvignon

CHARAKTERISTIKEN

Den **Rotweinen** aus dem Médoc sind folgende Aromen gemeinsam:

Schwarze Johannisbeere, rote Früchte (Sauerkirsche, Kirsche, Pflaume) und auch Veilchen (Merlot). Bei unreifem Traubengut kommt eine mehr oder weniger starke Note von grüner Paprika hinzu. Der Fassausbau bringt Holz-, Röst- und Gewürzaromen (Eiche, Zeder, Kaffee, Kakao, Vanille, Lakritze usw.), die Flaschenreife tierische und erdige Noten (Wild, Leder, Trüffel), der Petit Verdot pfeffrig-würzige Töne.

Médoc-Weine sind meist tanninreich und können in der Jugend ziemlich unzugänglich sein.

Die weiteren Merkmale der einzelnen Appellationen:

→ Weine ohne übertriebene Wucht.

→ Reife Früchte, oft etwas rustikal (viel Tannin, viel Säure).

→ Gelten als die finessenreichsten roten Médocs.

→ Dank höherem Merlot-Anteil meist fruchtig und elegant.

→ Charmante, eher früh zugängliche, oft fleischige Weine.

→ Kraftvolle, in der Jugend gerbstoffreiche Weine.

→ Cassis, Veilchen, erdig; kraftvoll und eher säurereich in der Jugend.

→ Veilchen. Bindeglied zwischen den kräftigen Weinen aus Pauillac bzw. St-Estèphe und den finessenreichen Margaux.

Danach folgen:
– Cru bourgois exceptionnel
– Cru bourgeois supérieur
– Cru bourgois
– Cru artisan

NAMEDROPPING: *Die großen vier sind Château Margaux in Margaux sowie die Châteaux Latour, Lafite Rothschild und Mouton Rothschild in Pauillac.*

Entre-Deux-Mers & Graves

Appellation				Fläche	Sémillon	Sauvignon blanc	Muscadelle	Merlot	Cabernet Sauvignon	Cabernet franc	Diverse
					WEISS			**ROT**			
Barsac	□■■■	SüW	10–20+ Jahre	*600 ha*	●●●	●	●				
Cadillac	■■□□	SüW	5–10 Jahre	*230 ha*	●●●	●	●				
Cérons	■■□□	SüW	6–10+ Jahre	*86 ha*	●●●	●	●				
Entre-Deux-Mers	■■□□	WW	1–3 Jahre	*1490 ha*	●●●	●●	●●				●
Graves, Graves Supérieures	■■■□	WW	1–4 Jahre	*4230 ha*	●●	●●	●				
	■■■□	RW	7–15 Jahre					●●●	●●	●●	●
Graves-de-Vayres	■■□□	WW	jung trinken	*600 ha*	●●	●●	●				
	■■□□	RW	3–6 Jahre					●●●	●	●	
Loupiac	■■□□	SüW	5–10 Jahre	*410 ha*	●●●	●	●				
Pessac-Léognan	□■■□	WW	1–5+ Jahre	*1320 ha*	●●	●●	●				
	□■■■	RW	6–20+ Jahre					●	●●●	●	
Premières Côtes de Bordeaux	■■□□	RW	3–8 Jahre	*3600 ha*				●●●	●	●	●
Sauternes	□■■■	SüW	10–20++ Jahre	*1650 ha*	●●●	●	●				
Ste-Croix-du-Mont	■■□□	SüW	6–10+ Jahre	*440 ha*	●●●	●	●				

NAMEDROPPING: *Château d'Yquem gilt als bester Sauternes; Haut-Brion war das erste Wein-Château im Bordelais (Mitte 16. Jh.).*

CHARAKTERISTIKEN

- → Honig, Haselnuss, Akazie, tropische Früchte, Orangen- und Aprikosenmarmelade. Im Alter Gewürz- und balsamische Noten (Wachs). Süß, etwas leichter und säurereicher als die Weine aus Sauternes.

- → Honig, Blumen, Zitrusfrüchte, Aprikose; süß mit nerviger Säure in der Jugend.

- → Aprikose, tropische Aromen, Honig, Blüten (Akazie). Lebendigere Säure als beispielsweise der Barsac. Meist in der süßen Form anzutreffen.

- → Blumige und zitrusfruchtige Aromen; trocken.

- → Blumig, Zitrus- und tropische Noten; körperreich/fleischig. Die liebliche Variante kommt als Graves Supérieures auf den Markt.
- → Veilchen, mineralisch, rote Früchte, leicht rauchig. Aber auch Gewürze, Röstaromen und animalische Töne (vom Fassausbau und der Lagerung). Elegant am Gaumen.

- → Fruchtig, blumig; frische Säure.
- → Fruchtig und geschmeidig.

- → Reifer Pfirsich, Akazienhonig, Quitte, im Alter Röstaromen und Dörrobst; lieblich bis süß.

- → Komplex, Zitrusfrüchte, tropische Aromen, Lindenblüte, Toastbrot, Haselnuss, Eichenholz; konzentriert und fleischig.
- → Veilchen, rote Früchte, Röstaromen (Rauch, Toastbrot, Kakao), mineralisch, animalische Töne; elegant und samtig.

- → Pflaume, schwarze Beeren, würzig, Röstaromen.

- → Honig, Akazie, Pfirsich, Haselnuss, Toastbrot und andere Röstnoten sowie eine unendliche Vielfalt weiterer Aromen. Süße, fleischige Struktur.

- → Intensive Nase nach Blumen und Aprikosen; süß, in der Jugend recht säurereich.

Rive Droite

Appellation	Typ	Trinkreife	Fläche	Merlot	Cabernet franc	Cabernet Sauvignon	Malbec
				ROT			
Blaye	RW	3–6 Jahre	*6000 ha*	•••	•	•	
Côtes de Bourg	RW	3–8 Jahre	*3900 ha*	•••	•	•	
Canon-Fronsac	RW	5–10+ Jahre	*300 ha*	•••	•	•	•
Côtes de Castillon	RW	3–8 Jahre	*3020 ha*	•••	••	••	
Côtes de Francs	RW	3–8 Jahre	*530 ha*	•••	••	••	
Fronsac	RW	3–8 Jahre	*830 ha*	•••	•	•	•
Lalande-de-Pomerol	RW	5–10 Jahre	*1110 ha*	•••	•	•	•
Lussac-St-Emilion	RW	4–9 Jahe	*1430 ha*	•••	••	••	
Pomerol	RW	5–20+ Jahre	*780 ha*	•••	•	•	•
St-Emilion	RW	2–6 Jahre	*5500 ha*	•••	••	•	
	RW Grand cru	6–15+ Jahre		•••	••	•	

NAMEDROPPING: *Château Pétrus ist der unangefochtene Star von Pomerol und vermutlich der teuerste Merlot-Wein der Welt. In St-Emilion halten Château Ausone und Cheval Blanc die Spitzenplätze.*

GUT ZU WISSEN: *Die besten Weingüter von St-Emilion tragen die Bezeichnung Saint-Emilion Grand cru, abgestuft in 1er cru classé A, 1er cru classé B, Grand cru classé und Grand cru. Dieses Rating wird etwa alle zehn Jahre überarbeitet.*

Merlot !

CHARAKTERISTIKEN

Die **Weißweine** der gesamten Region sind meist aromatisch mit Zitrusfrüchten, teils mit kräftiger Säure.

Die **Rotweine** werden von der Merlot-Traube dominiert: rote Früchte, Dörrpflaume, Gewürzaromen, Fleischsauce, Lakritze. Bei Barriqueausbau kommen Vanille und Röstaromen hinzu, im Alter auch animalische Töne (Leder, Wild).

Pomerols und gute St-Emilions zeichnen sich zudem durch Noten von Unterholz und Trüffeln aus. Sie haben schon in jungen Jahren recht samtige Tannine, einen fleischigen Körper, manchmal auch eine leichte Bitternote.

ROT

Beaujolais

				Gamay
Beaujolais-Villages	RW	1–3 Jahre	*6100 ha*	
Brouilly	RW	2–3 Jahre	*1330 ha*	
Chénas	RW	4–8 Jahre	*280 ha*	
Chiroubles	RW	2–4 Jahre	*380 ha*	
Côte de Brouilly	RW	3–7 Jahe	*320 ha*	
Fleurie	RW	2–5 Jahre	*880 ha*	
Juliénas	RW	3–7 Jahre	*600 ha*	
Morgon	RW	3–10 Jahre	*1140 ha*	
Moulin-à-Vent	RW	4–10+ Jahre	*670 ha*	
Régnié	RW	3 –5 Jahre	*490 ha*	
St-Amour	RW	2–4 Jahre	*310 ha*	

GUT ZU WISSEN: *Beaujolais nouveau ist der Urtyp eines cleveren und erfolgreichen Weinmarketings. Zweitklassiges Traubengut wird aufgezuckert und in ein fruchtiges, jung zu trinkendes Gesöff verwandelt. Das einzig Bemerkenswerte ist, dass es jeweils Mitte November weltweit mit einem riesigen Paukenschlag in die Supermärkte kommt, zu einem Preis, der oft kaum über den Kosten der Glasflasche liegt. Erfreulicherweise nimmt die Zahl der Winzer zu, die dieses Bild berichtigen möchten und in Kleinmengen einen Nouveau herstellen, wie er ursprünglich wohl mal gedacht war – und wie er durchaus seinen Platz im Weinregal verdient.*

CHARAKTERISTIKEN

Beaujolais-Weine haben meist Aromen von Walderdbeeren, Himbeeren, Roten Johannisbeeren, Veilchen, Pfingstrose. Bei Kohlensäuremaischung oder kühler Gärtemperatur auch Banane oder exotische Noten. Würzaromen bei Fassausbau.

Die weiteren Merkmale der einzelnen Appellationen:

→ Wenig Säure.

→ Wenig Gerbstoff. Der leichteste der Beaujolais-Crus.

→ Pfeffrig/würzig und mineralisch. Tanninreich in der Jugend.

→ Der blumigste und samtigste aller Beaujolais-Crus.

→ Mineralische und würzige Noten, rustikal in der Jugend (säure- und tanninreich).

→ Kirscharoma, reife Früchte, mineralisch, körperreich. Eher »untypischer« Beaujolais.

→ Im Alter erdige und animalische Noten (Trüffel, Wild). Der konzentrierteste und langlebigste Beaujolais.

→ Sehr fruchtig.

→ Mit Noten von Aprikosen und Cassis.

Côte Chalonnaise

Appellation	Fläche	Qualität	Weinart	Trinkreife	Chardonnay (Weiß)	Aligoté (Weiß)	Gamay (Rot)	Pinot noir (Rot)
Bouzeron	*60 ha*	■□□□	WW	3–5 Jahre		x		
Givry	*263 ha*	■■□□	WW	3–5 Jahre	x			
		■■□□	RW	4–8 Jahre				x
Mercurey	*655 ha*	■■■□	WW	3–5 Jahre	x			
		■■■□	RW	4–8 Jahre				x
Montagny	*300 ha*	■■□□	WW	3–5 Jahre	x			
Rully	*340 ha*	■■□□	WW	1–3 Jahre	x			
		■■□□	RW	3–5 Jahre				x

Mâconnais

Appellation	Fläche	Qualität	Weinart	Trinkreife	Chardonnay (Weiß)	Aligoté (Weiß)	Gamay (Rot)	Pinot noir (Rot)
Mâcon, Mâcon Supérieur, Mâcon-Villages, Mâcon + Ortsname	*4500 ha*	■■□□	WW	3–5 Jahre	x			
		■■□□	RW	4–7 Jahre			x	
Pouilly-Fuissé	*760 ha*	□■■□	WW	5–10 Jahre	x			
Pouilly-Loché	*29 ha*	■■■□	WW	5–8 Jahre	x			
Pouilly-Vinzelles	*51 ha*	■■■□	WW	5–8 Jahre	x			
St-Véran	*645 ha*	■■□□	WW	4–7 Jahre	x			
Viré-Clessé	*220 ha*	■■□□	WW	4–7 Jahre	x			

CHARAKTERISTIKEN

- Blumig, Haselnuss, mineralisch; eher körperreich bei frischer Säure.

- Honig, Lakritze, Zitrone, Lindenblüte, Haselnüsse.
- Veilchen, Erdbeeren, Brombeeren, Lakritze; in der Jugend sehr tanninhaltig. Nicht zu jung trinken.

- Minze, Lindenblüte, Nüsse; körperreich.
- Rote Beeren, Unterholz, auch animalische Noten.

- Blumig (Weißdorn, Akazie), Feuerstein, Pfirsich, Birne, Haselnuss, Honignuancen; eher säurereich.

- Akazie, Blumen, Zitrone, mineralische Noten, Honig, Butter; körperreich.
- Schwarze Beeren, Kirsche, Lakritze, Blumennoten; Neigung zu Adstringenz am Gaumen.

- Blumige Noten (Ginster, Akazie, Eisenkraut usw.), Zitrusfrüchte; trocken, säurereich.
- Violette Farbnuancen; erdige Noten (Pilz), im Alter Dörrpflaume und würzige Aromen. Leicht und unkompliziert.

- Intensive Farbe; mineralisch, Zitrusfrüchte, im Alter geröstete Haselnüsse, Honig, Toastbrot; körperreich und lebhaft.

- Ähnlich wie Pouilly-Fuissé, mit Blütenhonig und Trockenfrüchten; meist schlanker.

- Ähnlich wie Pouilly-Loché, mit stärkerer mineralischer Note.

- Blasser und leichter als die Pouillys; Akazie, Aprikosen, Pfirsich, Muskatnote.

- Blumige und fruchtige Noten (Akazie, Ginster, Pfirsich).

Côte d'Or > Côte de Beaune

Die wichtigsten Gemeindeappellationen (AOC Communales) mit den Premiers crus:

Appellation	Fläche			WEISS Chardonnay	ROT Pinot noir
Aloxe-Corton	*125 ha*	WW	3–5 Jahre	•	
		RW	5–10+ Jahre		•
Auxey-Duresses	*142 ha*	WW	3–5 Jahre	•	
		RW	5–10+ Jahre		•
Beaune	*410 ha*	WW	2–4 Jahre	•	
		RW	5–10+ Jahre		•
Chassagne-Montrachet	*303 ha*	WW	3–10 Jahre	•	
		RW	5–15 Jahre		•
Ladoix	*93 ha*	WW	3–5 Jahre	•	
		RW	4–8 Jahre		•
Meursault	*395 ha*	WW	10–15 Jahre	•	
		RW	5–10 Jahre		•
Monthélie	*125 ha*	WW	3–5 Jahre	•	
		RW	5–10 Jahre		•
Pernand-Vergelesses	*134 ha*	WW	3–8 Jahre	•	
		RW	5–10+ Jahre		•
Pommard	*325 ha*	RW	6–10+ Jahre		•
Puligny-Montrachet	*220 ha*	WW	5–15 Jahre	•	
Saint-Aubin	*166 ha*	WW	6–10 Jahre	•	
		RW	4–8+ Jahre		•

				WEISS	ROT
				Chardonnay	Pinot noir
Charakteristiken Côte d'Or siehe Seite 18					
Santenay	*335 ha*	WW	3–5 Jahre	●	
		RW	5–10+ Jahre		●
Savigny-lès-Beaune	*349 ha*	WW	5–10 Jahre	●	
		RW	5–15 Jahre		●
Volnay	*219 ha*	RW	3–10 Jahre		●
Die weißen Grands crus: *Bâtard-Montrachet, Bienvenue-Bâtard-Montrachet, Chevalier-Montrachet, Corton, Corton-Charlemagne, Charlemagne, Criots-Bâtard-Montrachet, Montrachet*		WW	8–15+ Jahre	●	

Côte d'Or > Côte de Nuits

Die wichtigsten Gemeindeappellationen (AOC Communales) und Premiers crus:

				Chardonnay	Pinot noir
Chambolle-Musigny	*153 ha*	RW	5–15 Jahre		●
Fixin	*96 ha*	WW	3–5 Jahre	●	
		RW	5–10 Jahre		●
Gevrey-Chambertin	*406 ha*	RW	3–15 Jahre		●
Marsannay (keine Premier-cru-Lagen)	*182 ha*	WW	2–3 Jahre	●	
		RW	5–10 Jahre		●
Morey-St-Denis	*94 ha*	WW	2–3 Jahre	●	
		RW	3–15 Jahre		●
Nuits-St-Georges	*304 ha*	RW	5–15 Jahre		●
Vosne-Romanée	*193 ha*	RW	5–15 Jahre		●

Côte d'Or > Côte de Nuits (Fortsetzung)

	WEISS Chardonnay	ROT Pinot noir
Vougeot *16 ha* WW 3–8 Jahre RW 5–15 Jahre	✓ (WW)	✓ (RW)
Die roten Grands crus: *Bonnes-Mares, Chambertin, Chambertin Clos-de-Bèze, Chapelle-Chambertin, Charmes-Chambertin, Clos de la Roche, Clos de Tart, Clos de Vougeot, Clos des Lambrays, Clos Saint-Denis, Echézeaux, Grands Echézeaux, Griotte-Chambertin, La Grande Rue, La Romanée, La Tâche, Latricières-Chambertin, Mazis-Chambertin, Mazoyères-Chambertin, Musigny, Richebourg, Romanée-Conti, Romanée-Saint-Vivant, Ruchottes-Chambertin* RW 8–20++ Jahre		✓

Chablis

	WEISS Chardonnay
Petit Chablis *650 ha* WW jung trinken	✓
Chablis *3060 ha* WW 3–5+ Jahre	✓
Chablis Premier cru *775 ha* WW 5–10 Jahre	✓
Chablis Grand cru *103 ha* WW 10–15+ Jahre	✓

TIPP: *Aufgepasst, Burgunder haben eine starke Aura – und dies oft zu Recht. Laien könnten aber auch leicht auf schamlos überteuerte Normaloweine reinfallen …*

CHARAKTERISTIKEN

Die Unterschiede sind enorm, abhängig von Produzent, Lage und Jahrgang. Nachfolgend die Weincharakteristiken, die sich der Weinliebhaber in der Regel wünscht und hoffentlich auch findet.

→ Weiße Blüten (Weißdorn, Geißblatt), Mandel- oder Haselnussnoten, Butter, Vanille, manche mit leichter Zitrus- oder Apfelnote. Die Weine sind meist körperreich oder gar fleischig bei seidiger Struktur. Die besten entwickeln im Alter Honig- oder Trüffelnoten, Brotrinde und vieles andere mehr.

Die allerbesten Weine stammen aus den Grand-cru-Lagen in den Gemeinden Chassagne-Montrachet und Puligny-Montrachet. Ladoix, Aloxe-Corton und Pernand-Vergelesses teilen sich die anderen Grands crus der Côte de Beaune: Corton, Corton-Charlemagne und Charlemagne.

→ Mittlere Farbtiefe; Himbeere, Kirsche, Sauerkirsche, Rote und Schwarze Johannisbeeren, blumige Aromen (Veilchen, Rose). Mit zunehmender Reife erdige Noten (Unterholz, Farn, Pilz, Trüffel usw.), würzige (Lakritze) und leicht animalische Töne (Leder). Im Alter oft unvergleichliche, seidige Textur und Fülle

Als robust und eher spät zugänglich gelten u. a. Gevrey-Chambertin, Vougeot, Nuits-St-Georges, Corton und Pommard.

Den Ruf besonderer Finesse und Eleganz haben Chambolle-Musigny, Vosne-Romanée und Volnay.

CHARAKTERISTIKEN

→ Eher blass, in der Nase dominieren mineralische Noten (Feuer-/Wetzstein), grüner Apfel und Zitrusfrüchte. Am Gaumen trocken und ausgewogen.

→ Mineralische Noten, Kräuter, Heu, Unterholz, Honig, Nüsse. Wesentlich komplexer und körperreicher als einfacher Chablis.

→ Goldfarben; Butter, Honig, Mandeln, Feuerstein, noch fülliger als Premier cru.

TIPP: *Um den wahren Chablis zu entdecken, sollten Sie sich einen Premier oder Grand cru leisten und diesen dann nicht zu jung genießen. Verglichen mit den Grands crus von der Côte de Beaune sind die Spitzen-Chablis geradezu Schnäppchenweine.*

Champagner > Die verschiedenen Stile

	WEISS	ROT	
	Chardonnay	Pinot Meunier	Pinot noir
normaler Champagner	•	•	•
Blanc de Blancs	•		
Blanc de Noirs		•	•
Rosé	•	•	•

Champagner nach Qualität und Rarität

ohne Jahrgang (»sans année«)
Sch trinkbereit, nicht lagern

mit Jahrgang (»millésime«, »cuvée spéciale«)
Sch 4–10+ Jahre

GUT ZU WISSEN: *Rund 90 % der 34 000 ha großen Rebfläche gehören den 15 000 Winzern. Der Hauptteil ihrer Ernte wird jedoch an die Champagnerhäuser verkauft und nur ein kleiner Teil durch die Winzer selbst oder in Genossenschaften verarbeitet.*

Die Stufen der Süßegrade sind:
- *Brut intégral, brut zéro: 0 g Restzucker*
- *Extra brut: unter 6 g Restzucker pro Liter*
- *Brut: 6 bis 15 g*
- *Extra dry: 12 bis 20 g*
- *Sec: 17 bis 35 g*
- *Demi-sec: 33 bis 50 g*

TIPP: *Die optimalen Trinktemperaturen:*
- *Schaumweine ohne Jahrgangsangabe: 9–10 °C*
- *Jahrgangs-Champagner: 10–14 °C*

Der Wein darf ruhig etwas kühler auf den Tisch kommen, da er sich im Glas schnell erwärmt. Trinken Sie den Schäumer etwas kühler, wenn seine Kohlensäure aggressiv wirkt oder er zu süß ist. Oder wenn die Aromen es nicht wert sind, entdeckt zu werden ...

NAMEDROPPING: *Champagner haben eine große Aura – vorwiegend dank der besten Cuvées spéciales und Millésimes einiger Tophäuser. Darunter fallen: Krug, Ruinart, Taittinger, Deutz, Roederer, Jacquesson & Fils und etliche andere.*

Zahlreiche jahrgangslose Markenchampagner profitieren allerdings zu Unrecht vom großen Renommee des Edelgetränks. Gehen Sie deshalb auf Entdeckungsreise und verkosten Sie auch »namenlosere« Champagner. Sie dürften dort weit mehr Terroircharakter vorfinden als bei den alljährlich gleich bleibenden Markenprodukten.

CHARAKTERISTIKEN

Blanc de Blancs sind eher blass. Je mehr Pinot, desto kräftiger die Farbe.

Bei hohem Chardonnay-Anteil stehen blumige und mineralische Noten, Apfel, Pfirsich, Zitrusfrüchte und eine frische Säure im Vordergrund. Je mehr Pinot, desto fruchtiger (rote Beeren) und geschmeidiger wird der Wein. Allen Typen gemeinsam sind Hefe- und Nussnoten, Brioche und auch Röstaromen (Toastbrot).

Champagner dürfen am Gaumen nicht aggressiv wirken und sollen – vor allem die Millésimes – wunderschön runterrollen.

Millésimes sind meist goldfarben und betören durch ein vielschichtiges, komplexes Bukett: Nüsse, Brioche, Blumen, Heu und vieles andere mehr.

Muscadet & Anjou-Saumur

Appellation	Fläche	Typ	Lagerung	Melon	Chenin blanc	Chardonnay	Sauvignon blanc	Cabernet franc	Cabernet Sauvignon	Gamay	Diverse
				WEISS				ROT			
Muscadet	*13 000 ha*	WW	2–5+ Jahre	●●●							
Anjou	*5000 ha*	WW	1–3 Jahre		●●●	●●	●●				
		RW	2–5+ Jahre					●●●	●	●●	
Bonnezeaux	*130 ha*	SüW	5–20+ Jahre		●●●						
Coteaux de l'Aubance	*200 ha*	SüW	5–20+ Jahre		●●●						
Coteaux du Layon	*1900 ha*	SüW	5–20+ Jahre		●●●						
Quarts de Chaume	*40 ha*	SüW	5–20+ Jahre		●●●						
Saumur	*2750 ha*	WW	2–4+ Jahre		●●●	●	●				
		Sch	jung trinken		●●●	●	●				
		RW	3–5 Jahre					●●●	●		●
Saumur-Champigny	*1500 ha*	RW	6–10 Jahre					●●●	●		
Savennières	*140 ha*	WW	10–20 Jahre		●●●						

GUT ZU WISSEN: *Cabernet franc ist hier auch als Breton bekannt.*

CHARAKTERISTIKEN

→ Starke Unterschiede in den vier Teilregionen. Blumig, mineralisch, Jodnoten; säurebetont. Mindere Qualitäten sind grasig, dünn und fad. Viele Weine werden auf der Hefe (»sur lie«) ausgebaut, was ihnen häufig, aber nicht immer eine größere Komplexität verleiht.

→ Blumig (Akazie), Zitrusdüfte, mineralisch; frische bis nervige Säure. Ältere Weine: Quitte.

→ Rote und schwarze Beeren; die besten Weine mit Röstaromen und erdigen Noten.

→ Traubenaroma, trockene Aprikosen, Rosinen, Feigen, Datteln, Quitte, blumige Noten, Honig.

→ Mineralisch, blumig (Lindenblüte, Akazie), Quittengelee, Zitrusfrüchte, Röstaromen. Es gibt sehr süße Exemplare, aber auch leichtere.

→ Blüten- und Zitrusaromen, tropische Früchte, Aprikose, Honig.

→ Zitrusfrüchte, Aprikose, Quitte, würzige Noten, Honig, frische Säure. Leichter als die anderen Süßweine dieser Region.

→ Blumige, fruchtige (Birne, Pfirsich, Quitte), mineralische Noten; nervige Säure.

→ Blumige, fruchtige (Birne, Pfirsich, Quitte), mineralische Noten; nervige Säure.

→ Himbeere, blumige Aromen, Gewürze, grüner Paprika.

→ Himbeere, Brombeere, Cassis, würzige und vegetabile Noten, im Alter Röstaromen und tierische Noten. Eher leicht und süffig.

→ Honig, Akazien-, Lindenblüte, mineralische Noten, Trockenfrüchte.

NAMEDROPPING: *Der 7 ha große Rebberg Coulée-de-Serrant von Nicolas Joly in Savennières gilt als weltweites Gravitationszentrum des biologisch-dynamischen Weinbaus. Hier entstehen Weißweine mit außerordentlichem Alterungspotenzial.*

Touraine

Appellation	Fläche	Bewertung	Wein	Trinkreife	WEISS: Chenin blanc	WEISS: Sauvignon blanc	WEISS: Chardonnay	ROT: Cabernet franc	ROT: Cabernet Sauvignon	ROT: Gamay	ROT: Pinot noir	ROT: Côt (Malbec)
Bourgueil	*1200 ha*	□■■□	RW	5–10+ Jahre				●●●	●			
Cheverny	*350 ha*	■■□□	WW	bis 3 Jahre	●	●●●	●					
		■■□□	RW	2–5 Jahre				●●		●●	●●	●
Chinon	*2100 ha*	■■■□	RW	5–10+ Jahre				●●●	●			
Jasnières	*60 ha*	□■■□	WW	4–20+ Jahre	●●●							
Montlouis	*400 ha*	□■■□	WW	bis 10 Jahre	●●●							
St-Nicolas de Bourgueil	*800 ha*	■■□□	RW	4–8 Jahre				●●●	●			
Touraine	*5500 ha*	■■□□	WW	jung trinken	●	●●●	●					
		■■□□	RW	1–3 Jahre				●	●	●●●	●	●
Valençay	*300 ha*	■□□□	WW	jung trinken		●●●	●					●
		■□□□	RW	1–3 Jahre				●●	●●	●●	●●	●●
Vouvray	*2000 ha*	■■■□	WW trocken	2–5 Jahre	●●●							
		□■■□	WW »demi-sec« (lieblich)	5–10 Jahre	●●●							
		□■■■	SüW »moelleux« (süß)	10–20+ Jahre	●●●							
		■■■□	Sch »pétillant« oder »mousseux«	jung trinken	●●●							

GUT ZU WISSEN: *Chenin blanc wird hier Pineau de la Loire genannt, Cabernet franc tritt als Breton auf.*

CHARAKTERISTIKEN

→ Intensives Bukett mit Himbeer- und Kirschnoten, im Alter animalische und würzige Töne, Kakao. In der Jugend recht tanninreich.

→ Stachelbeernoten (Sauvignon blanc), der Chardonnay gibt die nötige Rundheit.

→ Meist leichtfüßig und fruchtig.

→ Weine von Lagen mit Tuff- und Kalksteinböden sind dem Bourgueil ähnlich, jene von Sand- und Kiesgrund dem St-Nicolas de Bourgueil.

→ Mineralisch (Feuerstein), in der Jugend Zitrusfrüchte, Akazie. Trocken und stahlig. Lagern!

→ In der Jugend blumig (Akazie) und fruchtig, gereifte Weine riechen nach Litschi, Mango. Bei den süßlichen Weinen auch Honignoten.

→ Dunkle Farbe, rote Beeren, grüne Paprika, würzig.

→ Blumig, mit tropischen Früchten und frischer Säure.

→ Meist einfach, mit Aromen roter Früchte.

→ Fruchtige, eher einfache Weine.

→ Eher blasses Grüngelb, mineralisch, Zitrusaromen, Apfel, Pfirsich, Nüsse, frische Säure.

→ Strohgelb bis bernsteinfarben, in der Jugend blumig (Akazie) und fruchtig (Quitte, Birne, Apfel, Zitrusfrüchte), mit zunehmender Reife balsamische Noten (Honig, Wachs, Tee) und Aprikosenmarmelade. Die Säure verleiht dem Süßwein meist bis ins hohe Alter die notwendige Struktur.

→ Mineralisch, Nuss- und Röstaromen, Apfelnoten.

TIPP: *Cabernet franc kann in der Touraine hervorragende Ergebnisse liefern. Unbedingt probieren!*

Sancerre & Co.

Anbaugebiet	Fläche	Qualität	Typ	Trinkreife	Sauvignon blanc (WEISS)	Chardonnay (WEISS)	Chasselas (WEISS)	Pinot gris (WEISS)	Pinot noir (ROT)	Pinot Meunier (ROT)	Gamay (ROT)	Diverse
Menetou-Salon	*450 ha*	■■■□	WW	jung trinken	●●●							
		■■□□	RW	2–4 Jahre					●●●			
Orléanais	*120 ha*	■■□□	WW	jung trinken		●●		●●				
		■■□□	RW	2–4 Jahre					●	●●●		●
Pouilly-Fumé	*1070 ha*	■■■■	WW	2–4 Jahre	●●●							
Pouilly-sur-Loire	*40 ha*	■■□□	WW	1–4 Jahre			●●●					
Quincy	*170 ha*	■■□□	WW	jung trinken	●●●							
Reuilly	*160 ha*	■■□□	WW	jung trinken	●●●							
		■■□□	RW	2–3 Jahre				●	●●●			
Sancerre	*2600 ha*	■■■■	WW	2–4+ Jahre	●●●							
		■■□□	RW	2–4 Jahre					●●●			
St-Pourçain	*520 ha*	■■□□	WW	jung trinken	●●	●●						●●
		■■□□	RW	2–4 Jahre					●		●●●	

GUT ZU WISSEN: *Die weißen Sancerre gelten als Messlatte für Sauvignon-blanc-Weine. In kaum einer anderen Weltgegend kommen die jeweiligen Terroirs differenzierter und besser zum Ausdruck.*

CHARAKTERISTIKEN

- Sehr fruchtig (Zitrusaromen, Grapefruit, Cassis, Apfel) mit grünlicher Note.
- Erinnern an Kirschen.

- Mit Mandarinen- und Zitronenduft.
- Rote Johannisbeeren.

- Sehr aromatisch, Zitrusnoten (Grapefruit, Orange), Minze, Feuerstein, Rauch, mineralisch, Cassis, Buchsbaum.

- Leicht mit mineralischer Note.

- Blumige und grünliche Noten, Buchsbaum.

- Fruchtige Noten.
- Kirschen und rote Früchte.

- Kräftige Nase mit Stachelbeeren und Zitrusfrüchten (Grapefruit, Orangen, Zitronen). Abhängig vom Terroir kommen Cassis und Buchsbaum (kiesiges Kalkgestein), blumige (bei weißen Böden) oder blumig-mineralische Noten (Feuerstein-/Silexboden) hinzu. Unreifes Traubengut führt zu grünen, krautigen und Katzenpipinoten. Die körperreichsten Weißweine stammen von den weißen Böden.
- Mit Kirscharomen.

- Blumig-fruchtig.
- Eher mineralisch und recht säurereich.

Elsass > Rebsortenweine

Gewürztraminer *2730 ha*
■■■■ WW SüW 2–10 Jahre

Muscat (Muskateller) *350 ha*
■■■□ WW 1–5 Jahre

Pinot blanc und Auxerrois *3200 ha*
■■■□ WW jung trinken

Pinot gris (früher: **Tokay Pinot gris)** *1960 ha*
■■■□ WW SüW 2–10 Jahre

Pinot noir *1400 ha*
■■■□ RW 2–8 Jahre

Riesling *3350 ha*
■■■■ WW bis 10 Jahre

Sylvaner *1740 ha*
■■□□ WW jung trinken

Elsass > Qualitätsstufen und Spezialitäten

Crémant d'Alsace (13 % der Gesamtproduktion)
■■■□ Sch jung trinken

Grand cru (4 % der Gesamtproduktion)
□□■■

Sélection de grains nobles (SGN)
□■■■ SüW bis 10+ Jahre

Vendanges tardives (VT)
□■■■ SüW 5–10 Jahre

GUT ZU WISSEN: *Die meisten Elsässer Weine kommen unter dem Sortennamen auf den Markt.*

CHARAKTERISTIKEN

→ Goldgelbe, später goldbraune Farbe; Litschi, Grapefruit, Rosen; fleischiger Körper, trocken oder mit Restsüße.

→ Intensives Traubenaroma, Melone, vegetabile Noten, im Alter Anis. Wenig Säure und Alkohol, meist trocken.

→ Pfirsich, Zitrus; oft mit Restsüße. Dem Pinot blanc wird häufig Auxerrois beigegeben, der leicht mit Pinot blanc verwechselt werden kann. Auxerrois ist etwas nobler, würziger und körperreicher.

→ Wuchtige Nase, Aprikose, Pfirsich, Birne, Rauch, im Alter erdige Noten, Honig; fleischiger Körper, meist wenig Säure.

→ Meist blass; Himbeeraroma, Eichenholz, im Alter erdig, tierisch.

→ Grünliche Reflexe, später goldfarben. Blumig, Pfirsich, Geißblatt, Lindenblüte; im Alter mineralisch oder petrolähnliche Noten. In der Jugend viel Säure, meist knochentrocken. In der Regel trockener und stahliger als deutsche Rieslinge.

→ Blumig, Zitrone, kräftige Säure, leicht bitter.

→ Schaumwein, hergestellt im traditionellen Verfahren (Flaschengärung), meist aus Pinot blanc oder Pinot noir.

→ 50 Lagen (»terroirs«) haben Grand-cru-Status, wobei dort nur Riesling, Gewürztraminer, Pinot gris und Muscat angebaut wird.

→ Süße Dessertweine, bereitet aus einer der vier Grand-cru-Rebsorten Riesling, Gewürztraminer, Pinot gris oder Muscat. Gekeltert aus mit Edelfäule *(Botrytis cinerea)* befallenen Beeren.

→ Spätlesen, bereitet aus einer der vier Grand-cru-Rebsorten. Die Trauben müssen bei der Lese einen hohen Mindestzuckergehalt aufweisen (je nach Rebsorte unterschiedlich).

GUT ZU WISSEN: *In schlechten Jahren darf das Prädikat »Grand cru« nicht verwendet werden, aber auch in guten ist das Label für einige Erzeuger mehr Marketinginstrument als Verpflichtung zu hoher Qualität.*

					WEISS				
	Viognier	Marsanne	Roussanne	Grenache blanc	Clairette	Muscat	Grenache noir (rot)	Diverse	
Nördliches Rhône-Tal (Weiß- und Schaumweine)									
Château-Grillet *3 ha* □□■□ WW 1–10+ Jahre	●●●●●●								
Condrieu *116 ha* □■■■ WW 2–4 Jahre	●●●●●●								
Hermitage *weiß: 30 ha* □■■■ WW 5–10++ Jahre		●●●●●●	●●●						
St-Joseph *weiß: 90 ha* ■■■□ WW jung trinken		●●●	●●●						
St-Péray *61 ha* ■■□□ Sch jung trinken		●●●	●●●						
Südliches Rhône-Tal (Weiß- und Süßweine)									
Beaumes-de-Venise *490 ha* □■■□ SüW jung trinken						●●●●●●			
Châteauneuf-du-Pape *weiß: 220 ha* ■■■■ WW 1–10+ Jahre			●●●	●●●	●			●	
Rasteau *43 ha* □■■□ SüR 2–10 Jahre				●●●			●●●●●●	●	

CHARAKTERISTIKEN

- → In der Jugend Aprikosen-, Pfirsich-, Litschinase, blumig (Veilchen, Wiesenblumen). Mit dem Alter zunehmend komplexer. Fleischig, eher wenig Säure.

- → Sehr intensives Bukett, Veilchen, Aprikose, im Alter getrocknete Früchte. Fleischig, alkoholreich, eher wenig Säure. In heißen Jahren auch Honig- und Röstaromen.

- → In der Jugend blumig (Lindenblüte), danach balsamische Noten (Honig, Wachs), Röstaromen; fleischig, im Alter geschmeidige Säure.

- → Blüten, Weißdorn, fruchtig, Honignoten; fleischig, geschmeidige Säure.

- → Heller Schaumwein, Blütendüfte (Veilchen, Weißdorn, Akazien). Im Vergleich zu anderen Schaumweinen eher wenig Säure.

- → Golden; intensive Nase, Muskateller-Aroma (»traubig«), tropische Früchte, Zitrusnoten, Blumen; süß und meist sehr elegant.

- → Kräftiges Gelb, anfangs blumig und fruchtig, im Alter balsamische Noten (Honig, Wachs), Holznoten bei Fassausbau; meist fleischig. Bei geringem Roussanne-Anteil wenig Säure.

- → Rote Früchte, Kirschen, schwarze Beeren; fleischig, süß, seidige Gerbstoffe. Der braune Rasteau (»doré«) ist komplexer und erinnert an Dörrfrüchte, Gewürze und Honig.

GUT ZU WISSEN: *Château-Grillet ist die einzige AOC Frankreichs mit nur einem einzigen Erzeuger.*

Die besten Hermitage-Weine gehören zu den langlebigsten Weißen überhaupt: Die Roussanne liefert die Finesse und Eleganz, die Marsanne die Langlebigkeit.

Nördliches Rhône-Tal (Rotweine)

	ROT							
	Viognier (weiß)	Grenache noir	Mourvèdre	Syrah	Cinsault	Carignan	Counoise	Diverse
Cornas *103 ha* □■■■ RW 5–10+ Jahre				●●●				
Côte Rôtie *224 ha* □■■■ RW 5–15 Jahre	●			●●●				
Crozes-Hermitage *1360 ha* ■■■□ RW 2–5 Jahre				●●●				●
Hermitage *rot: 100 ha* □□■■ RW 5–15+ Jahre				●●●				●
St-Joseph *rot: 900 ha* ■■■□ RW 3–10 Jahre				●●●				●

Südliches Rhône-Tal (Rotweine)

	Viognier (weiß)	Grenache noir	Mourvèdre	Syrah	Cinsault	Carignan	Counoise	Diverse
Châteauneuf-du-Pape *rot: 2930 ha* ■■■■ RW 5–20 Jahre		●●●	●●	●●	●	●	●	●
Côtes du Rhône, -Villages *57 000 ha* ■■■□ RW 1–4+ Jahre		●●●	●●	●●	●●	●	●	●
Côtes du Ventoux *7500 ha* ■■□□ RW 1–4 Jahre		●●	●●	●●	●●			
Gigondas *1230 ha* □■■□ RW 6–10 Jahre		●●●	●●	●●	●	●		
Tavel *935 ha* ■■□□ Rs 1–4 Jahre		●●●	●	●	●	●	●	●
Vacqueyras *1290 ha* ■■■□ RW 3–10 Jahre		●●●	●●	●●	●	●		

GUT ZU WISSEN: *Kein anderer Cru darf eine derart große Sortenvielfalt haben – bis zu 13 verschiedene Rebsorten können im roten Châteauneuf-du-Pape enthalten sein, auch wenn in der Praxis nur ganz wenige Weine so assembliert sind. Die Mehrzahl besteht aus Grenache noir und Syrah, wobei der Grenache-Anteil meist bei 50 bis 80 % liegt.*

CHARAKTERISTIKEN

→ In der Jugend fast schwarz, Brombeeren, Kirschen, Pfeffer, erdige Noten, viel Tannin und Säure. Im Alter Ledernoten, Unterholz und Pilze. In den meisten Fällen lohnt sich das Zuwarten.

→ Himbeeren und schwarze Beeren, Gewürze, Lakritze, Veilchen. Mit der Reife Unterholz, Teer, Sauerkirschen und zugänglichere Tannine.

→ Rote und schwarze Früchte, Röstaromen (u. a. verbrannter Gummi), Gewürze; angenehme Gerbstoffe.

→ Kräftige Nase, anfangs Veilchen, schwarze Beeren, Pfeffer. Mit der Reife Trockenfrüchte, Dörrpflaume, erdige und tierische Noten, Röstaromen, Teer; körper- und, in der Jugend, tanninreich.

→ Beeren (Himbeere, Cassis), würzig (Pfeffer), im Alter Dörrobst. Recht zugängliche Tannine und nicht zu opulent.

→ Dunkle Farbe, reife, trockene Früchte, erdige (Pilze, Unterholz) und kräuterwürzige Noten, Zimt, Lorbeer; körperreich.

→ Rote Früchte, Gewürznoten. In der Regel geschmeidig und charmant. Die Villages-Weine sind meist anspruchsvoller und ein bis zwei Jahre länger haltbar. In warmen Zonen und bei geeigneten Böden können Weine entstehen, die überdurchschnittlich sind.

→ Rote Früchte, würzig; weniger schwer und anspruchsvoll als andere Rhône-Weine.

→ Anfangs schwarze Beeren, Kirschen, Veilchen. Mit der Reife Gewürze, Zimt, Lakritze, Röstaromen, Kakao, animalische Noten; alkohol- und gerbstoffreich. Nicht zu jung trinken.

→ Blumig (Rosen), rote Früchte, Mandeln, Toastbrot; alkoholreich.

→ Schwarze Früchte (Cassis, Kirsche), Gewürze- und Kräuternoten, Pfeffer, Rauch; körperreich und konzentriert. Meist etwas rustikaler als guter Gigondas.

TIPP: *Lassen Sie sich vom Namen Châteauneuf-du-Pape nicht blenden: Die Anzahl schwacher oder mittelmäßiger Weine ist deutlich größer als die der guten oder gar hervorragenden.*

Provence

				ROT							
Appellation	Fläche	Bewertung	Typ	Trinkreife	Carignan	Cinsault	Counoise	Grenache	Mourvèdre	Syrah	Cabernet Sauvignon	Diverse
Bandol	*1440 ha*	■■□□	Rs	1–3 Jahre	•			•••	•••	•		•
		□■■□	RW	10–15+ Jahre	•	•		•••	••••••	•		
Coteaux d'Aix-en-Provence	*4000 ha*	■■□□	Rs	1–4 Jahre		•		••••••		•		
		■■□□	RW	5–10+ Jahre		•••	•	••••••	•	•		
Coteaux Varois	*1800 ha*	■□□□	Rs	jung trinken	•	•		•••	•	•		
		■■□□	RW	3–6+ Jahre	•	•		•••	•••	•••	•	•
Côtes de Provence	*19 000 ha*	■■□□	Rs	1–2 Jahre		•		••••••	•	•••		•
		■■□□	RW	3–10 Jahre		•		••••••	•	•••		•
Les Baux-de-Provence	*320 ha*	□■■□	RW	3–10 Jahre	•	•	•	•••	•	•••	•	

GUT ZU WISSEN: *Die Mourvèdre-Traube kann in der Region Bandol zu Höchstform auflaufen. Während Weine von anderen Rebsorten in der heißen Provence eher plump geraten, gelangt die Mourvèdre erst bei diesem Klima zur vollen Reife. Optimale Terroirs und das Können der Winzer sorgen dafür, dass hier – bei hohem Mourvèdre-Anteil – regelmäßig große Weine entstehen.*

CHARAKTERISTIKEN

- → Aprikosen, Pfirsich und rote Früchte; leicht und frisch.
- → In der Jugend Kirschen, Brombeeren, Jodnote; leicht salzig, gerbstoffreich. Nach fünf bis sechs Jahren komplexe, erdige (Trüffel, Unterholz, Pilz) und würzige Noten (Pfeffer, Zimt, Lakritze), Leder. Topweine nicht zu jung trinken und zwei Stunden vorher dekantieren.

- → Meist fruchtig (Erdbeere, Pfirsich), blumig, mit geschmeidiger Säure.
- → Können nach Veilchen, vegetabilen und würzigen Noten (Zimt) duften.

- → Pfirsich, Erdbeere und Himbeere dominieren.
- → In der Jugend meist gerbstoffreich und von Veilchen geprägt (vom Syrah), danach von animalischen und würzigen Noten (Lakritze).

- → So groß wie das Roséanbaugebiet, so vielfältig sind auch die möglichen Aromen – fruchtig, blumig, vegetabil.
- → Die jungen Roten können nach roten Früchten oder schwarzen Beeren duften, mit vegetabilen oder würzigen Noten (u. a. Zimt, Anis und Lakritze). Schwerere Rote haben in der Jugend oft viel Tannin und Säure.

- → Meist kräuterwürzige Aromen (Thymian, Rosmarin, Tabakblätter, Anis), schwarze Früchte und im Alter animalische Noten.

Languedoc (Weißweine)

	WEISS							
	Grenache blanc	Bourboulenc	Clairette	Mauzac	Chenin blanc	Chardonnay	Muscat	Diverse
Clairette du Languedoc *100 ha*								
■□□□ WW jung trinken	●●●							
■■□□ SüW 6–10 Jahre	●●●							
Coteaux du Languedoc *weiß: 1200 ha* ■■□□ WW jung trinken	●●	●●	●●					●
Limoux *1800 ha*								
■■□□ WW Limoux 2–5 Jahre				●●	●●	●●		
■■□□ Sch Blanquette de Limoux jung trinken				●●●	●	●		
■■□□ Sch Crémant de Limoux jung trinken				●●	●	●		
Muscat de Frontignan *800 ha* ■■■□ SüW jung trinken							●●●	
Muscat de Lunel *300 ha* ■■□□ SüW jung trinken							●●●	
Muscat de Mireval *270 ha* ■■□□ SüW jung trinken							●●●	
Muscat de Saint-Jean-de-Minervois *160 ha* □■■□ SüW jung trinken							●●●	
Picpoul de Pinet *650 ha* ■■□□ WW jung trinken								●●●

GUT ZU WISSEN: *Die süßen Muscats kommen als so genannte Vins doux naturels (»natursüße Weine«) auf den Markt. Diese Bezeichnung lässt vermuten, für die Weinerzeugung wurden derart hochreife Beeren verwendet, dass die Hefen nicht in der Lage waren, den hohen Traubenzuckergehalt vollständig in Alkohol umzuwandeln, und so die entsprechende Restsüße geblieben ist. Irrtum. Der Vin doux naturel entsteht mit Hilfe der »mutage«: Das Traubengut hat einen normalen Reifegrad, der Gärprozess wird aber nach kurzer Zeit durch Alkoholzugabe gestoppt. Mit demselben Verfahren wird übrigens auch Portwein hergestellt.*

CHARAKTERISTIKEN

- In der Jugend Apfelnoten, danach bei den trockenen Weinen Nuss-, bei den süßen Honigaromen.

- Aprikosen, Zitrusfrüchte, Kräuter, Honig; meist körperreich.

- Blumen, Kräuter, oft mit Holznote.
- Apfel, Blüten, nach einigen Jahren balsamische Noten (Honig) und Röstaromen. Die Mauzac-Traube bringt den Apfelduft. Der Blanquette Méthode ancestrale hat max. 7 Vol.-% Alkohol.

- Anfangs Muskateller-Aroma (»traubig«), Melone, Zitrusfrüchte und blumige Noten (Rosen). Mit zunehmender Reife getrocknete Aprikose, Honig, Rosinen. Süß und fleischig.

- Frisch, würzig, mineralisch; erfrischend.

TIPP: *Die Languedoc-Muscats haben zwischen 15 und 18 Vol.-% Alkohol und sind somit schwerer als beispielsweise ein Beaumes-de-Venise von der südlichen Rhône. Süße Muscat-Weine können bis zu zehn Jahren gelagert werden, schmecken ganz jung aber am besten.*

Languedoc (Rotweine)

					ROT							
					Carignan	Grenache noir	Mourvèdre	Cinsault	Syrah	Merlot	Cabernet Sauvignon	Diverse
Cabardès	*520 ha*	■■□□	RW	2–5+ Jahre		•••		•	•••	•••	•••	•
Corbières	*14 000 ha*	■■■□	RW	2–5+ Jahre	•••	•••	•••	•	•••			
Costières de Nîmes	*5000 ha*	■■□□	RW	3–5 Jahre	•••	•••	•••	•	•			
Coteaux du Languedoc	*rot: 9300 ha*	■■■□	RW	3–5+ Jahre	•	•••	•••	•	•••			
Faugères	*1900 ha*	■■■□	RW	2–5 Jahre	•	•••	•••	•	•••			
Fitou	*2600 ha*	■■□□	RW	4–10 Jahre	•••	•••	•		•			
La Clape	*1000 ha*	■■■□	RW	2–6+ Jahre	•	•••	•••	•	•••			•
Malepère	*800 ha*	■■□□	RW Rs	2–5+ Jahre		•		•		••••••	•	•
Minervois	*5100 ha*	■■□□	RW	1–4 Jahre	•••	•••	•••	•••	•••			•
Minervois La Livinière	*210 ha*	■■■□	RW	4–8 Jahre	•	•••	•••	•	•••			•
Pic Saint-Loup	*900 ha*	■■■□	RW	2–5+ Jahre		•••	•••		•••			•
St-Chinian	*3300 ha*	■■■□	RW	2–5+ Jahre	•	•••	•••	•	•••			•

GUT ZU WISSEN: *Hier ist die Weinwelt noch weitgehend in Ordnung: Nebst zahlreichen Massenweinen gibt es viele hervorragende Terroirweine, gekeltert von ambitionierten Winzern. Ganz nach dem Motto »Mehr Sein als Schein« – zu vernünftigen Preisen.*

CHARAKTERISTIKEN

→ Erdbeere, Marmelade, Gewürznoten.

→ Einfache Weine riechen nach schwarzen Beeren. Die besseren weisen Gewürznoten (Pfeffer, Kräuter) und Lakritze auf, die fassgelagerten Leder, Röstaromen, erdige Noten. Körperreich. Carignan-dominierte Weine sind gerbstoff- und säurereich, bei hohem Grenache-Anteil sind sie geschmeidiger.

→ Rote Beeren, Marmelade, Gewürze.

→ Rote Beeren, im Alter Leder und Kräuter. Bei Syrah-Anteil auch Pfeffer und andere Gewürze.

→ Rote Früchte, Beeren, mineralisch, Kräuter; im Alter Leder, Gewürze, Lakritze. Weine von Schieferböden haben weniger Säure und elegantere Tannine.

→ Rote Beeren, mineralisch, Gewürz- und Kräuternoten, im Alter Dörrpflaume, Marmelade, animalische Noten. Durch den hohen Carignan-Anteil in der Jugend säure- und tanninreich.

→ Schwarze Beeren, Kräuter, Gewürze (Pfeffer), Leder; körperreich.

→ Fruchtig, Himbeeren, Kirschen, Röstaromen, kräftig.

→ Cassis, Veilchen, Zimt, im Alter Leder und Dörrpflaume; körperreich.

→ Cassis, Veilchen (Syrah), schwarze Oliven, mineralisch, Gewürze, Leder; körperreich.

→ Schwarze Beeren, Gewürznoten; körperreich.

→ Die Weine der »Schieferzone« unterscheiden sich stark von jenen der »Ton-Kalk-Zone«. Die Schiefer-Weine sind dunkel, haben Kräuter- und Röstaromen (Rauch, Kaffee, Kakao), wenig Säure und früh zugängliche Tannine. Die Ton-Kalk-Weine sind heller, fruchtig, Cassis, Veilchenduft (Syrah); im Alter Kräuterduft, Gewürze; bei Fassausbau Holz- und Vanillenoten. Sehr körperreich, mit strengeren, langsamer reifenden Tanninen.

TIPP: *La Clape und Pic Saint-Loup sind beachtenswerte Unterappellationen der Coteaux du Languedoc mit viel Potenzial.*

Roussillon

				WEISS			ROT				
Appellation	Fläche	Bewertung	Typ / Lagerung	Grenache blanc & gris	Macabeu	Muscat	Grenache noir	Carignan	Mourvèdre	Syrah	Diverse
Banyuls	*1300 ha*	□■■■	SüR 5–10++ Jahre	•	•		•••	•			•
Collioure	*510 ha*	□■■□	RW 3–6+ Jahre				••	•	••	••	•
Côtes du Roussillon	*5600 ha*	■■□□	RW 1–5 Jahre		•		•	•••	•	•	•
Côtes du Roussillon-Villages	*2570 ha*	■■□□	RW 4–8 Jahre				•	•••	•	•	•
Maury	*1170 ha*	□■■■	SüR 10–20+ Jahre	••	•		•••				•
Muscat de Rivesaltes	*5670 ha*	■■■□	SüW jung trinken			•••					
Rivesaltes	*8130 ha*	■■■□	SüW 10–20+ Jahre	•••	•	•					•

CHARAKTERISTIKEN

→ Rimage/Vendange: Kräftige Aromen; in der Jugend Kirschen, Brombeeren, rote Beeren; im Alter Gewürze und Röstaromen; geschmeidige Süße, langer Abgang. Eher jung genießen.

→ Grand cru: Dörrpflaume, Feige, Röstaromen, Karamell; geschmeidige Süße, langer Abgang. Vermutlich der konzentrierteste Süßwein Frankreichs.

→ Rote Beeren, überreife Früchte, würzige Noten, Leder, Röstaromen; sehr kraftvoll.

→ Würzig, Röstaromen, schwarze Beeren, getrocknete Früchte; robust.

→ Komplexe Nase; schwarze und rote Beeren, Sauerkirsche, Dörrpflaume, Röstaromen, im Alter Walnuss und andere Rancio-Noten. Süß, warm und in der Jugend gerbstoffeich.

→ Pfirsich, Minze, tropische Früchte (Mango, Litschi), Rosen, Honignoten; liebliche Süße.

→ Golden, bald bernsteinfarben; Blüten, Haselnuss, Mandeln, balsamische Noten (Honig, Wachs), Zitrusnoten, Röstaromen. Bei Rancio-Weinen Walnuss, Tabak; süß.

TIPP: *Noch heute sind jahrzehntealte Banyuls- und Maury-Süßweine im Handel erhältlich, und dies zu meist attraktiven Preisen. Genießen Sie sie zu Schokoladenkuchen oder Nüssen. Die Rimages passen auch hervorragend zu Früchtekuchen, Ziegenkäse und anderen Nachspeisen.*

Collioure-Weine sind den Châteauneuf-du-Pape ähnlich, bei gleicher Qualität aber um einiges günstiger.

Südwesten (Weißweine)

				WEISS						
Appellation	Qualität	Typ	Trinkreife	Sémillon	Sauvignon blanc	Muscadelle	Ugni blanc	Manseng	Arrufiat	Mauzac	Diverse
Bergerac *weiß: 3340 ha*	■■■□	WW	1–3 Jahre	•••	•••	•••	•				•
Côtes de Duras *weiß: 800 ha*	■■□□	WW	1–4 Jahre	•••	•••	•••	•				
Gaillac *weiß: 700 ha*	■■□□	WW	jung trinken							•••	•••
Jurançon *1000 ha*	■■■□	WW	2–4 Jahre					••••••			•
	□■■□	SüW	10–20 Jahre					••••••			•
Monbazillac *2500 ha*	■■■□	SüW	4–10 Jahre	•••	•••	•••					
Montravel *390 ha*	■■■□	WW	1–3 Jahre	•	••••••	•					•
	■■■□	SüW	4–10 Jahre	•••	•••	•••					•
Pacherenc du Vic-Bilh *200 ha*	■■□□	WW	jung trinken					•••	•••		•••
	□■■□	SüW	2–5 Jahre	•	•			•••	•••		•••

GUT ZU WISSEN: *Für süßen Jurançon (moelleux) wird in der Regel der bessere Petit Manseng eingesetzt, der Gros Manseng findet in den trockenen Weißen (sec) Verwendung. Die Restsüße stammt hier nicht, wie bei den meisten anderen französischen Süßweinen, von edelfaulen Trauben oder vom vorzeitigen Gärstopp mittels Alkoholzugabe (Mutage), sondern von hochreifen, am Rebstock rosinierten Trauben.*

CHARAKTERISTIKEN

→ Zitrusfrüchte, blumige, grasige, würzige Noten; trocken. Uneinheitlich infolge großer Lagenvielfalt und unterschiedlichster Verarbeitungen.

→ Blumige, fruchtige Noten. Etwas nervige Säure, trocken oder lieblich.

→ Mauzac-Weine duften nach Apfel, Birne und Gewürzen; frische Säure.

→ Aromatisch, Ananas, Honig, Gewürznelke, Akazie, Mandeln.

→ Intensive Nase, tropische Früchte, Aprikosen, Mango, Litschi, Honig, Muskatnuss, Zimt; lieblich bis süß.

→ Honig, Blütendüfte, Quitte, Röstaromen, Lakritze, mit zunehmender Reife Nüsse und Trockenfrüchte. Lieblich bis süß.

→ Mineralisch (Feuerstein), Zitrusfrüchte, Buchsbaum, Gewürze, Nüsse; eher säurereich.

→ Honig, Röstaromen, Trockenfrüchte; lieblich bis süß, fett mit frischer Säure.

→ Blumige Noten, Zitrus- und tropische Früchte (Ananas).

→ Trockenfrüchte, tropische Früchte (Mango, Litschi), Honig, Mandeln, Haselnüsse; lieblich/süß und fleischig.

NAMEDROPPING: *Der Pacherenc du Vic-Bilh mag etwas im Schatten des bekannteren Jurançon stehen, probieren Sie ihn aber trotzdem.*

Südwesten (Rotweine)

		ROT						
	Cabernet Sauvignon	Cabernet franc	Merlot	Malbec	Négrette	Tannat	Duras	Diverse
Bergerac *rot: 6450 ha* ■■■□ RW 3–6+ Jahre	•••	•••	•••	•				•
Buzet *1900 ha* ■■■□ RW 4–8 Jahre	•••	•••	•••	•				
Cahors *4400 ha* ■■■□ RW 4–8+ Jahre			•	••••••		•		•
Côtes de Duras *rot: 1100 ha* ■■□□ RW 4–8 Jahre	•••	•••	•••	•				
Côtes du Frontonnais *2100 ha* ■■□□ RW 3–5 Jahre	•	•		•	••••••			•
Gaillac *rot: 2000 ha* ■■□□ RW 3–5 Jahre	•	•	•		•		•••	•••
Madiran *rot: 1350 ha* □■■□ RW 5–10+ Jahre	•	•				••••••		•

CHARAKTERISTIKEN

→ Rote und Schwarze Johannisbeeren, Sauerkirsche; Röst- und Holzaromen bei Barriqueausbau; geschmeidig. Die Côtes de Bergerac sind kräftiger, gehaltvoller und lagerfähiger als einfache Bergerac.

→ Rote und schwarze Beeren; Röstaromen bei Barriqueausbau; körperreich und kräftig.

→ Pflaume, schwarze Beeren. Nach einigen Jahren würzig (Zimt, Pfeffer, Lakritze), Unterholz, Leder. Kraftvoll, gerbstoffreich und fleischig. Guten Cahors nicht zu jung trinken! Malbec ist hier auch als Côt und Auxerrois bekannt.

→ Rote und schwarze Beeren, Holznoten.

→ Schwarze Beeren, Pflaume, Kräuter, Veilchen, Fenchel. Bei hohem Négrette-Anteil erdige Noten, Pfeffer und viel Tannin.

→ Fruchtig und würzig.

→ In der Jugend Himbeeren, Brombeeren, danach schwarze Früchte, Toastbrot, Gewürznoten, Pfeffer, Leder; gerbstoffreich und fleischig.

Piemont > Regionen

52 600 ha, davon 39 400 ha DOC/DOCG

Region	Typ	Trinkreife	WEISS: Cortese	WEISS: Moscato	ROT: Nebbiolo/Spanna	ROT: Bonarda	ROT: Vespolina	ROT: Uva rara	Diverse
Asti (Spumante)	Sch bzw. Perlwein	jung trinken		●●●					
Barolo	RW	3–10+ Jahre			●●●				
Barbaresco	RW	3–10+ Jahre			●●●				
Carema	RW	4–8+ Jahre			●●●				•
Gattinara	RW	4–8+ Jahre			●●●	•	•		
Gavi	WW	1–5 Jahre	●●●						
Ghemme	RW	4–8+ Jahre			●●●		•	•	
Lessona	RW	4–8+ Jahre			●●●	•	•		
Loazzolo	SüW	2–10 Jahre		●●●					
Roero	RW	3–8+ Jahre			●●●				
Sizzano	RW	4–6+ Jahre			●●●	•	•		

Piemont > Rebsortenweine

Arneis
WW jung trinken

Barbera
RW 3–8 Jahre

CHARAKTERISTIKEN

→ Leicht perlend; Trauben-/Muskateller-Aroma, Moschus; in der Regel leicht süßlich. Guter Asti hat genügend Säure! Der Moscato d'Asti gilt als die edlere Ausführung.

→ Recht helle Farbe; Holunder, Rosen, Trüffeln, Teer, Pflaumen; körperreich, in den ersten Jahren viel Tannin und Säure. Der »moderne« Barolo-Typ nähert sich dem »global taste« an: dunkle Farbe, früh zugänglich, leider oft mit einer alles überdeckenden Eichen-, Vanille- und Röstaromennase.

→ Recht helle Farbe; komplex, Holunder, blumig, Veilchen, Pflaumen, würzig; körperreich, in der Jugend viel Tannin und Säure. Reift schneller als der Barolo und gilt als etwas geschmeidiger. Bei Einsatz von zu viel Holz oder Kellerkosmetik geht die Eleganz verloren.

→ Blumig, Holunder, rote Beeren, Fruchtkompott, würzig; körperreich, gerbstoff- und säurereich in der Jugend, teilweise mit leichtem Bitterton.

→ Mineralisch, Zitronennote; frische Säure.

→ Blumig, Holunder, rote Beeren, Fruchtkompott, würzig; körperreich, gerbstoff- und säurereich in der Jugend, teilweise mit leichtem Bitterton.

→ Intensive Nase, kandierte Früchte; körperreich, süß.

→ Blumig, Holunder, rote Beeren, Fruchtkompott, würzig; körperreich, gerbstoff- und säurereich in der Jugend, teilweise mit leichtem Bitterton.

→ Reife Äpfel, rauchige Noten, Nüsse, Honig; eher körperreich, frische Säure.

→ Fruchtig, Kirschen, Rose, Pflaumen; körperreich, kräftige Säure, eher wenig Tannin. Barbera-Weine können bei wohl dosiertem Barriqueausbau zu schöner Vollendung kommen, nicht wenige geraten aber zu holzbetont und extraktreich – gerade richtig für Hardcore Holzliebhaber.

Piemont > *Rebsortenweine* (Fortsetzung)

Brachetto
■■□□ RW jung trinken

Dolcetto
■■□□ RW eher jung trinken

Favorita
■■□□ WW eher jung trinken

Freisa
■■□□ RW eher jung trinken

Grignolino
■■□□ RW eher jung trinken

Moscato
■■■□ WW jung trinken

Nebbiolo
■■■■ RW 3–8+ Jahre

Lombardei 22 000 ha, davon 15 400 ha DOC/DOCG

	WEISS			ROT				
	Chardonnay	Pinot bianco	Trebbiano	Barbera	Bonarda	Nebbiolo	Pinot nero	Diverse
Franciacorta □■■■ Sch eher jung trinken	●●●	●●					●	
Lugana ■■■□ WW jung trinken			●●●					
Oltrepò Pavese ■■■□ RW 3–8+ Jahre				●●	●●			●
Sforzato di Valtellina □■■■ RW 5–12+ Jahre						●●●		●
Valtellina superiore □■■□ RW 5–8+ Jahre						●●●		●

CHARAKTERISTIKEN

→ Rose, Pfeffer, Erdbeeren, Muskateller-/Traubenaroma; meist süßlich und perlend ausgebaut.

→ Dunkelviolett; Kirschen, reife Früchte; wenig Säure, leicht bitter im Abgang.

→ Leicht; Apfel, Zitrusnoten, Akazienblüten; säurereich, sehr trocken.

→ Helle Farbe; Himbeeren, Waldbeeren, Rose, Veilchen; tannin- und säurereich, auch als Frizzante ausgebaut.

→ Wenig Farbe; blumig, Erdbeeren, Pfeffer; eher hartes Tannin und säurereich, leicht bitter.

→ Intensives Trauben-/Muskateller-Aroma; meist süßlich ausgebaut.

→ Holunder, blumig (Veilchen), würzig, Pflaumen, Marmelade; gerbstoff- und säurereich in der Jugend, teilweise mit leichtem Bitterton.

CHARAKTERISTIKEN

→ Blumig, fruchtig, Apfel, Hefe, würzig. In verschiedenen Qualitäten (ohne Jahrgang oder als »Millesimato«) und Süßegraden erhältlich: Dosage zéro und Extra brut (sehr trocken), Brut (trocken), Extra dry (leicht süßlich) und Dry (süß). Franciacorta wird wie Champagner mittels Flaschengärung hergestellt.

→ Blumig, Nüsse, Butter, oft mit einer Holznote; geschmeidige Säure, leichter Bitterton.

→ Kräuter, Pflaume, Kirsche; körper- und eher gerbstoffreich. Oft mit leichter Restsüße.

→ Intensive Nase, reife Früchte (Brombeeren, Pflaume), Holz; fleischig. Aus teilgetrockneten Beeren vinifiziert.

→ Komplex, Kräuter, Pflaume, Kirsche, Unterholz, Holznoten; in der Jugend gerbstoffreich mit frischer Säure. In der Regel zugänglicher als Nebbiolo-Weine aus dem Piemont (vgl. Barolo).

	WEISS		ROT			
	Chardonnay	Pinot bianco	Merlot	Schiava/Vernatsch	Teroldego	Diverse
Trentino > Regionen 9000 ha, davon 7800 ha DOC						
Casteller ■■□□ RW jung trinken			●	●		●
Teroldego rotaliano ■■■□ RW 2–6+ Jahre					●	
Trento ■■■□ Sch jung trinken	●	●				●
Südtirol > Regionen 4900 ha, davon 4700 ha DOC						
Kalterersee-Caldaro (Südtirol und Trentino) ■■□□ RW 1–2 Jahre				●		
St. Magdalener–Santa Maddalena ■■□□ RW 1–2 Jahre				●		
Terlaner–Terlano ■■□□ WW jung trinken	●	●				●

Trentino–Südtirol > Rebsortenweine

Blauburgunder (Pinot nero, Pinot noir)
■■■□ RW 2–5+ Jahre

Cabernet franc
■■□□ RW eher jung trinken

Cabernet Sauvignon
■■■□ RW 3–5+ Jahre

Chardonnay
■■■□ WW eher jung trinken

Gewürztraminer
■■■□ WW jung trinken

Goldmuskateller
■■□□ SüW eher jung trinken

Lagrein Dunkel
■■■□ RW 2–5+ Jahre

TIPP: *Die Spitzen-Lagreins können köstlich schmecken und sind meist noch bezahlbar. Unbedingt probieren!*

CHARAKTERISTIKEN

→ Überwiegend mild, süffig und einfach, Zwetschgen, Erdbeermarmelade, Kirschen. Meist mit wenig Säure und Tannin, aber einer Bitternote im Abgang.

→ Dunkel mit Violettton; fruchtig, Beeren, Kirschen, würzig, Teer, Mandeln; körperreich bis fleischig, weiches Tannin.

→ Apfel, Birne, Hefenote; frische Säure, von trocken bis süßlich. In der Regel schlanker und rassiger als viele der Franciacorta-Schaumweine.

→ Überwiegend mild, süffig und einfach, Zwetschgen, Erdbeermarmelade, Kirschen. Meist mit wenig Säure und Tannin, Bitternote.

→ Aromatisch und fruchtig; frische Säure.

→ Himbeeren, Erdbeeren, Pflaumen, im Alter würzig, Unterholz; angenehme Gerbstoffe.

→ Himbeeren, Kräuter, grasige Noten; rund, angenehme Gerbstoffe.

→ In perfekten Jahrgängen Schwarze Johannisbeeren, ansonsten oft grasige Noten, Pfeffer, grüne Paprika; körperreich, kräftige Tannine.

→ Reife Äpfel, fruchtig, Honig, Nüsse, Pfeffer, tropische Früchte; rund. Barriqueweine sind meist fetter, mit Butter und Toastnoten.

→ Aromatisch, Rose, Nelke, Honig; körperreich, geschmeidige Säure. Meist als trockener Weißwein ausgebaut und leicht bitter. Weniger üppig als im Elsass.

→ Aromatisch, sehr traubiger Muskateller-Duft, Gewürznoten. In der Regel als Süßwein ausgebaut.

→ Schwarze Beeren, Veilchen, Kakao, Vanille (bei Barriqueausbau); körperreich, eher tiefe Säure, angenehme Gerbstoffe..

→ Der kleine Bruder, ein Rosé, heißt Lagrein Kretzer und ist jung zu trinken.

Trentino–Südtirol > Rebsortenweine (Fortsetzung)

Marzemino
RW 1–4 Jahre

Merlot
RW 3–5+ Jahre

Müller-Thurgau
WW jung trinken

Pinot bianco (Weißburgunder)
WW eher jung trinken

Pinot grigio (Ruländer)
WW jung trinken

Riesling italico (Welschriesling)
WW jung trinken

Riesling renano (Rheinriesling)
WW 1–4+ Jahre

Rosenmuskateller
SüR eher jung trinken

Sauvignon blanc
WW eher jung trinken

Sylvaner
WW jung trinken

Veltliner
WW jung trinken

CHARAKTERISTIKEN

→ Sehr fruchtig, Erdbeeren; angenehme Tannine, mandelbitter.

→ Waldbeeren, reife Früchte, erdige und grasige Noten; samtig am Gaumen.

→ Dezente, aromatische Nase, blumig; frische Säure.

→ Fruchtig, Apfel, Brotkruste, im Alter Honignoten; geschmeidige Säure.

→ Aromatisch, würzig, blumig, Lindenblüte, Birne; körperreich, geschmeidige Säure.

→ Apfel, würzig und eher unbedeutend.

→ Pfirsich, Aprikose, Grapefruit, je nach Boden auch mineralische respektive Petrolnoten; kräftige Säure.

→ Hellrot; intensiver Rosen-/Muskateller-Duft, würzig; süß, geschmeidige Säure.

→ Grasige Noten, Holunderblüten, Stachelbeeren; rassige Säure.

→ Fruchtig, grasig, Heu; frische Säure.

→ Blumig und würzig.

Venetien 73 600 ha, davon 33 400 ha DOC/DOCG	WEISS: Garganega	WEISS: Trebbiano di Soave	WEISS: Prosecco	ROT: Corvina	ROT: Molinara	ROT: Rondinella	Diverse
Bardolino ■■□□ RW 1–4 Jahre				●●●	●●	●●	●
Prosecco di Conegliano/Valdobbiadene ■■■□ Sch jung trinken			●●●				●
Recioto di Soave □■■■ SüW 3–8+ Jahre	●●●	●					●
Soave superiore □■■□ WW 1–3+ Jahre	●●●	●					●
Amarone della Valpolicella □■■■ RW 4–10+ Jahre				●●●	●●	●	●
Recioto della Valpolicella □■■■ SüR 3–10+ Jahre				●●●	●●	●	●
Valpolicella superiore □■■□ RW 1–4+ Jahre				●●●	●●	●	●

Friaul-Julisch Venetien > *Regionen*

Carso
■■■□

Colli Orientali del Friuli (COF)
□■■□

Collio Goriziano, Collio
□■■□

Friuli Aquileia
■■□□

TIPP: *Achten Sie beim Einkauf auf die Zusätze »superiore« oder »classico«. Solche Weine stammen aus besseren Zonen und müssen schärferen DOC-Bestimmungen genügen.*

CHARAKTERISTIKEN

→ Fruchtig, Kirschen, Beeren, grüne Noten (von der Corvina); runder Körper, leicht bitter. Der kleine Bruder des Valpolicella.

→ Akazie, fruchtig (Äpfel, Birnen), Mandeln; leicht bitter. Meist als Frizzante (leicht perlend) oder Spumante erhältlich. Den Spumante gibt's in folgenden Süßegraden: Extra brut (sehr trocken), Brut (trocken), Extra dry (leicht süßlich) und Dry (süß).

→ Blumig, Akazienhonig, Mandeln; körperreich und süß.

→ Blumig, Birne, Mandeln, teils mineralische Noten; frisch, leichter Bitterton. Bei Holzausbau buttrige, cremige, seifige Textur.

→ Komplex, Beerenmarmelade, Tee, Holunder, Pflaume, würzig (Nelken); fleischig, samtig und warm. Leichter Bitterton, manchmal stechende Alkoholnote. Bei zu viel Holzeinsatz Ruß-/Rauchnoten.

→ Kirschen, Veilchen, Bittermandeln, Gewürze (Nelken), Kakao; fleischig, süß, leichter Bitterton. Eine Spezialität, die leider am Verschwinden ist.

→ Kirschen, würzig, Teer, Rauch, Bittermandeln; samtig mit leichtem Bitterton.

17 800 ha, davon 12 900 ha DOC/DOCG

Friuli Grave

Friuli Isonzo

Friuli Latisana

GUT ZU WISSEN: *Im Friaul werden all jene Weinliebhaber und -liebhaberinnen fündig, die unverfälschte Sortenweine suchen. Viele dieser Weine werden (noch) nicht im Eichenfass oder Barrique ausgebaut. Zudem finden sich in dieser Region viele autochthone, d. h. lokale Rebsorten. Möge es noch lange so bleiben!*

Friaul-Julisch Venetien > Rebsortenweine

Cabernet franc
RW 2–4 Jahre

Cabernet Sauvignon
RW 3–8 Jahre

Chardonnay
WW eher jung trinken

Malvasia istriana
WW jung trinken

Merlot
RW 2–4+ Jahre

Picolit
WW 5–8+ Jahre

Pignolo
RW 3–8 Jahre

Pinot bianco
WW eher jung trinken

Pinot grigio
WW jung trinken

Pinot nero
RW 2–4+ Jahre

Refosco dal Peduncolo rosso
RW 4–8 Jahre

Sauvignon blanc
WW eher jung trinken

Schioppettino (Ribolla nera)
RW 3–6+ Jahre

Tazzelenghe
RW 4–8 Jahre

Tocai friulano
WW eher jung trinken

Verduzzo
WW

CHARAKTERISTIKEN

→ Würzig, intensiv grasige Note; gerbstoffreich.

→ Schwarze Beeren, würzig; in der Jugend ziemlich gerbstoffreich.

→ Apfel, Akazienblüte, Mandeln; Vanille- und Holznoten bei Fassausbau; frische Säure.

→ Helle Farbe; duftig, würzige Noten; wenig Alkohol. Durstlöscher.

→ Sauerkirsche, Beeren, leicht grasige Note; geschmeidig, weich.

→ Goldgelb; delikate Nase, Blumen, Pfirsich, Aprikose, Honig; wuchtig, recht süß mit einer leichten Bitternote.

→ Reife Früchte, Beeren, würzig; kräftige Struktur.

→ Blumen, Wiesenkräuter, Apfel, Aprikose; trocken.

→ Apfel, Birne, Pfirsich, Nüsse, Gewürze; mandelbitter, frische Säure. Von leicht und filigran bis körperreich.

→ Rubinrot; delikates Bukett, Beeren, Unterholz; meist ausgewogen.

→ Violette Farbe; Brombeere, vegetabile Noten (Gras), recht gerbstoffreich und leicht bitter.

→ Grüne Paprika, Minze, Buchsbaum, mineralische Noten; frische Säure.

→ Eher helle Farbe; Brombeere, Waldbeeren, Heidelbeere, grüner Pfeffer; tannin- und säurereich.

→ Würzig, Gras; rustikal (gerbstoff- und säurebetont), sanfter nach Holzausbau.

→ Wiesenblumen, Kräuter, Zitrusnoten, Bittermandeln; samtig.

→ Äpfel, Birnen, Zitrusfrüchte, Honig; lieblich oder süß. Die trockenen Weine jung trinken, die süßen können einige Jahre gelagert werden.

Emilia Romagna 59 900 ha, davon 24 600 ha DOC

	WEISS: Albana	WEISS: Bombino	WEISS: Trebbiano	ROT: Ancellotta	ROT: Lambrusco	ROT: Sangiovese	Diverse
Albana di Romagna ■■■□ WW jung trinken	●						
Lambrusco ■■□□ RW, frizzante jung trinken				·	●		
Pagadebit di Romagna ■■□□ WW jung trinken		●					
Sangiovese di Romagna ■■□□ RW eher jung trinken						●	·
Trebbiano di Romagna ■■□□ WW jung trinken			●				·

Weitere DOC- und IGT-Zonen
Bei den Rotweinen dominiert Sangiovese, bei den Weißen Albana und Trebbiano. Verbreitet sind aber auch Barbera, Cabernet Sauvignon, Chardonnay, Merlot, Pinot bianco, Pinot grigio u. a.

Marken 19 800 ha, davon 7100 ha DOC

	WEISS: Biancame	WEISS: Trebbiano	WEISS: Verdicchio	WEISS: Malvasia	ROT: Montepulciano	ROT: Sangiovese	ROT: Lacrima	Diverse
Bianchello del Metauro ■■□□ WW jung trinken	●			·				·
Lacrima di Morro d'Alba ■□□□ RW jung trinken							●	
Rosso Conero □■■□ RW 3–8+ Jahre					●	·		
Rosso Piceno ■■□□ RW 3–6 Jahre					●	●		·
Verdicchio dei Castelli de Jesi □■■□ WW jung trinken			●					·
Verdicchio di Matelica ■■□□ WW jung trinken		·	●	·				

CHARAKTERISTIKEN

→ Neutral; wenig Säure. Trocken, lieblich (»amabile«), süß (»dolce«) oder – die beste Variante – aus teilgetrockneten Trauben (»passito«) ausgebaut.

→ Die meisten Lambruschi sind sprudelnder Sirup. Die besten kommen aus Sorbara, sind rot oder rosé und rar: Himbeeren, rote Früchte; frische Säure, perlend und trocken oder leicht süß.

→ Weißdorn, Kräuter, Mandeln; trocken oder leicht süß.

→ Veilchen, Brombeeren, Waldbeeren; rund, gefällig und oft leicht bitter. Die Tannine sind weicher als beim toskanischen Sangiovese.

→ Die besten sind blumig, die übrigen neutral; recht säurereich.

CHARAKTERISTIKEN

→ Frischer, trockener, zitroniger Weißwein.

→ Purpur; sehr aromatisch, Beeren, Foxton; runder Körper.

→ Dunkel; würzig, reife Früchte; körper- und in der Jugend recht gerbstoffreich.

→ Fruchtig, Beeren, würzig, Lakritze; rund.

→ Zitrusnoten, blumig, mit zunehmender Reife Nuss- und Honigaromen; saftige Säure, leicht bittere Note. In der Regel trocken, aber auch als Süßwein (Passito) und als Schaumwein (Spumante) ausgebaut.

	WEISS			ROT				
Toskana – 58 300 ha, davon 34 800 ha DOC/DOCG	Malvasia	Trebbiano	Vernaccia	Sangiovese	Canaiolo	Cabernet	Merlot	Diverse
Bolgheri □■■■ RW 3–10+ Jahre				●●		●●●	●●	●
Carmignano □■■□ RW 3–8+ Jahre				●●●	●	●●		
Chianti ■■■□ RW 2–6+ Jahre	●	●		●●●	●	●	●	●
Morellino di Scansano □■■□ RW 3–6 Jahre				●●●				●
Pomino □■■□ WW 1–4+ Jahre								●●●
□■■□ RW 3–6+ Jahre				●●	●	●	●	
Brunello di Montalcino □■■■ RW 5–10+ Jahre				●●●				
Rosso di Montalcino □■■□ RW 3–8+ Jahre				●●●				
Vino Nobile di Montepulciano □■■■ RW 3–8+ Jahre				●●●	●			●
Rosso di Montepulciano □■■□ RW 2–5+ Jahre				●●●	●			●
Vernaccia di San Gimignano ■■■□ WW eher jung trinken			●●●					●
Vin Santo ■■■■ SüW 2–8+ Jahre	●●●	●●						

NAMEDROPPING: *Zu den berühmtesten Toskanern gehören Sassicaia, Ornellaia, Tignanello und Solaia, dicht gefolgt von weiteren, oft überteuerten »Supertoskanern« und dem legendären Brunello di Montalcino. Supertoskaner sind Weine, die sich an keine DOC-Bestimmungen*

CHARAKTERISTIKEN

→ Komplexe, von Cabernet dominierte Nase. Schwarze Früchte, würzig, Röstaromen; körperreich.

→ Blumige Noten, Kräuter, schwarze Früchte. Meist etwas geschmeidiger als Chianti.

→ Rote und schwarze Früchte (Zwetschgen, Kirschen, Holunder), beim Classico auch blumige Noten (Veilchen) und Himbeeren.

Den typischen Chianti gibt es kaum mehr: Dem Sangiovese werden heute u. a. Merlot und Cabernet beigegeben und viele Weine mit önologischen Methoden aufgeputscht (siehe Kapitel »Aus dem Zauberland«), gleichzeitig kommen Weine, die diesen Namen kaum verdienen, zu zwei Euro in die Supermärkte. Die Unterschiede in Qualität und Charakteristik könnten kaum größer sein!

→ Fruchtig, Beeren, Veilchen; körperreich und saftig.

→ Fruchtig, bei Ausbau im Holzfass auch Holz- und balsamische Noten. Meist körperreich, geschmeidige Säure.

→ Blumige Noten, schwarze Früchte, würzig; körperreich, elegant.

→ Schwarze Beeren, Holznoten, würzig, reife Früchte/Marmelade, Pflaumen, Unterholz, Wild, frische Nüsse; fleischig. In der Jugend mit viel Tannin und Säure. Die Modernen kommen auch jung schon recht geschliffen daher.

→ Der kleine Bruder des Brunello. Fruchtiger, weniger Holznoten, früher zugänglich.

→ Veilchen, schwarze Beeren, Kirschen, Holznoten; körperreich und mitunter sehr elegant, oft aber auch tanninbetont.

→ Wie der Brunello hat auch der Vino Nobile einen kleinen Bruder, der leichter und früher genussreif ist.

→ Kräfiges Gelb; blumig, Nüsse, reife Früchte; geschmeidige Säure, leichte Bitterkeit.

→ Gedörrtes Obst, Aprikosen, Nüsse, Marmelade, Karamell; süß. Die besten haben genügend Säure, sind nicht klebrig und vorwiegend oder ausschließlich aus der Malvasia gekeltert. Und können wunderbar schmecken …

halten und als Tafelweine (IGT) auf den Markt kommen. Viele dieser Weine sind holzbetonte und überextrahierte Muskelpakete (siehe Kapitel »Aus dem Zauberland«).

Umbrien 14 200 ha, davon 5400 ha DOC/DOCG	WEISS			ROT				
	Grechetto	Procanico/Trebbiano	Verdello	Sangiovese	Canaiolo	Ciliegiolo	Sagrantino	Diverse
Colli del Trasimeno								
■■□□ WW jung trinken	●●	●●						●●
■■□□ RW 2–4 Jahre				●●●		●		●
Montefalco								
■■□□ WW eher jung trinken	●●●	●						●
■■□□ RW 2–6 Jahre				●●●			●●	●
Montefalco Sagrantino								
□■■■ RW 4–8+ Jahre							●●●	
□■■■ RW Passito 5–10 Jahre							●●●	
Orvieto								
■■■□ WW 1–3 Jahre	●●●	●	●●					●●
Torgiano								
□■■□ WW 2–4 Jahre	●●	●●						
□■■□ RW 5–10 Jahre				●●●	●			●

Latium 29 000 ha, davon 8700 ha DOC	WEISS			
	Malvasia	Trebbiano	Aleatico (rot)	Diverse
Aleatico di Gradoli				
■■□□ SüR jung trinken			●●●	
Colli Albani				
■■□□ WW jung trinken	●●●	●●		
Est!Est!!Est!!! di Montefiascone				
■■□□ WW jung trinken	●●	●●●		●
Frascati				
■■□□ WW jung trinken	●●●	●●●		●

CHARAKTERISTIKEN

- Heller, frischer Weißwein. Mehr Charakter haben die so genannten Scelto-Weine, die ohne Trebbiano hergestellt werden.
- Einfache Weine, mit frischer Säure und präsenten Gerbstoffen. Auch bei den Roten gibt's Scelto-Weine höherer Qualität.

- Fruchtig und in der Jugend eher anspruchslos. Kann mit der Flaschenreife zulegen.
- Pflaumen und Beerennoten; körperreich.

- Dunkelfarben; würzig, Brombeeren, Dörrpflaume, Lakritze; fleischig, in der Jugend recht tanninreich.
- Würzig, Brombeeren, Dörrpflaume; gerbstoffreich, fleischig, lieblich/süßlich (mind. 14,5 Vol.-%). Erinnert an einen Amarone.

- Oft unbedeutende Nase, Äpfel; frische Säure, leichte Bitternote. Von trocken bis süß gibt es alle Varianten. Die besten Exemplare können sich nach zwei bis drei Jahren in sehr schöner Harmonie zeigen.

- Strohgelb; blumig, fruchtig; trocken, leichter Bitterton.
- Eher helle Farbe; fruchtig, Kirschen; in der Jugend tannin- und säurereich.

CHARAKTERISTIKEN

- Sehr fruchtig, Muskateller-Aroma, Melone; süß.

- Strohgelb; eher neutral; meist trocken.

- Leicht fruchtig, Mandeln; meist trocken, manchmal auch süßlich.

- Strohgelb; leicht würzig, Nüsse; trocken oder lieblich. Auch als Schaumwein erhältlich.

Abruzzen 33 500 ha, davon 10 100 ha DOC/DOCG			Bombino/Trebbiano	Malvasia	Montepulciano	Sangiovese	Diverse
Colline Teramane □■■□	RW	3–8+ Jahre			●●●	•	
Montepulciano d'Abruzzo ■■■□	RW	2–5 Jahre			●●●		•
Trebbiano d'Abruzzo ■■□□	WW	jung trinken	●●●				
Molise **5900 ha, davon 700 ha DOC**							
Molise ■■□□	WW	jung trinken	●●●	•			•
■■□□	RW	2–5 Jahre			●●●	•	•

Apulien 85 000 ha, davon 9900 ha DOC/DOCG			Verdeca (weiß)	Negroamaro	Montepulciano	Primitivo	Sangiovese	Diverse
Castel del Monte ■■□□	RW	2–5 Jahre			●●			●●
Copertino □■■□	RW	4–8 Jahre		●●●				•
Leverano ■■■□	RW	4–6 Jahre		●●●	•		•	•
Locorotondo ■■□□	WW	jung trinken	●●●					•
Primitivo di Manduria ■■■□	RW	1–3 Jahre				●●●		
Salice Salentino ■■■□	RW	4–8 Jahre		●●●				•
Squinzano ■■□□	RW	4–6 Jahre		●●●				•

GUT ZU WISSEN: *Die DNA-Forscher haben es geklärt, der Primitivo ist identisch mit dem kalifornischen Zinfandel.*

CHARAKTERISTIKEN

→ Schwarze Früchte (Kirschen/Sauerkirschen, Brombeere), kräuterwürzig, Lakritze, im Alter Kakao; wuchtig, elegant.

→ Dunkel; würzig; wuchtig, in der Jugend mitunter recht tanninreich.

→ In der Regel einfach, mit wenig Charakter.

→ In der Regel einfach, mit wenig Charakter.

→ Dunkel; würzig; wuchtig, in der Jugend mitunter recht tanninreich.

CHARAKTERISTIKEN

→ Dunkel; würzig; wuchtig.

→ Sehr dunkel; würzig (Gewürznelke, Zimt), reife Fruchtnoten; tannin- und oft säurereich, leicht bitter im Abgang (vor allem bei nicht voll ausgereiften Beeren).

→ Neutral bis fruchtig/würzig.

→ Sehr fruchtig, schwarze Beeren, würzig, Lakritze; alkohol- und körperreich, elegant. Leider zu oft mit penetranten Holz- und Marmeladenoten (siehe Kapitel »Aus dem Zauberland«).

→ Sehr dunkel; würzig (Gewürznelke, Zimt), reife Fruchtnoten; tannin- und oft säurereich, leicht bitter im Abgang (vor allem bei nicht voll ausgereiften Beeren).

TIPP: *Rarissimi sind Weine aus der roten Rebsorte Susumaniello.*

			WEISS			ROT				
			Falanghina	Fiano	Greco	Aglianico	Barbera	Sangiovese	Piedirosso	Diverse
Kampanien 29 100 ha, davon 4600 ha DOC/DOCG										
Taburno										
■□□□	WW	jung trinken	●●●							●●●
■■□□	RW	2–5 Jahre				●●●		●●●●●●		●
Campi Flegrei										
■■□□	WW	jung trinken	●●●●●●							●
■■□□	RW	2–5 Jahre				●●●			●●●	●
Falerno del Massico										
□■■□	WW	jung trinken	●●●●●●							
□■■□	RW	3–6+ Jahre				●●●●●●	●		●●●	●
Fiano d'Avellino										
□■■□	WW	2–6+ Jahre		●●●●●●						
Greco di Tufo										
■■■□	WW	2–4 Jahre			●●●●●●					
Taurasi										
□■■■	RW	4–8+ Jahre				●●●●●●				

				ROT		
			Greco bianco (weiß)	Aglianico	Gaglioppo	Diverse
Basilikata 7700 ha, davon 1300 ha DOC						
Aglianico del Vulture						
□■■■	RW	4–10+ Jahre		●●●●●●		●
Kalabrien 10 800 ha, davon 2700 ha DOC						
Cirò						
■■□□	WW	jung trinken	●●●●●●			●
■■□□	RW	3–5 Jahre			●●●●●●	●
Greco di Bianco						
□■■□	SüW	eher jung trinken	●●●●●●			

GUT ZU WISSEN: *Fiano und Greco di Tufo gehören zu Italiens entdeckenswerten Weißweinen.*

CHARAKTERISTIKEN

- → Fruchtig und meist unbedeutend.
- → Fruchtig, eher leichtgewichtig und säurereich.

- → Blumig, fruchtig, recht körperreich.
- → Beeren, würzig, körperreich.

- → Blumig, fruchtig und körperreich.
- → Dunkel, würzig, bukett- und körperreich.

- → Kräftiges Bukett, Birne, würzig, Honig, geröstete Nüsse; körperreich.

- → Weiße und gelbe Früchte, Mandeln; körperreich, trocken.

- → Kräftiges Bukett, Kräuter, Beeren, Tabak, Leder, Kakao; fleischig, in der Jugend säure- und tanninreich.

CHARAKTERISTIKEN

- → Kräftiges Bukett, Kräuter, würzig (Pfeffer), Beeren, Tabak, Leder, Kakao; fleischig, in der Jugend säure- und tanninreich.

- → Helles Gelb; blumig; trocken, rund.
- → Schwarze Beeren, (über)reife Früchte, Holznoten, Mandeln; körperreich.

- → Kräftiges Bukett, Zitrusnoten, Kräuter; süß, fleischig (mind. 17 Vol.-%).

GUT ZU WISSEN: *Die Rebsorte Aglianico gehört zu den besten Italiens und ist in Kampanien und in der Basilikata beheimatet.*

Sizilien Anbaufläche: 111 000 ha, davon nur 4200 ha für DOC-Weine

Catarratto
WW jung trinken

Frappato
RW jung trinken

Grecanico
WW jung trinken

Grillo
WW jung trinken

Inzolia
WW jung trinken

Nero d'Avola (Calabrese)
RW 2–3+ Jahre

Perricone (Pignatello)
RW

Sardinien Anbaufläche: 25 600 ha, davon 4660 ha für DOC/DOCG

Cannonau
RW 2–6+ Jahre

Carignano
RW 2–4 Jahre

Monica
RW jung trinken

Nuragus
WW jung trinken

Vermentino
WW jung trinken

Vernaccia di Oristano
WW trinkbereit

GUT ZU WISSEN: *Internationale Rebsorten wie Cabernet Sauvignon, Merlot, Syrah, Chardonnay, Sauvignon blanc u. a. werden auch in Sizilien sortenrein ausgebaut oder mit lokalen Rebsorten verschnitten. Meist sind diese Weine durch Barriquenoten geprägt und körperreich/fleischig.*

CHARAKTERISTIKEN

→ Einfach, aromatisch, Bittermandel; rustikal.

→ Fruchtig und aromatisch, Pfirsich, Rosen; weiche Tannine, wenig Körper. Wird meist mit Nero d'Avola verschnitten.

→ Sehr aromatisch, fruchtig, Kräuter; frische Säure.

→ Tropische Früchte; wenig Säure, alkoholreich.

→ Aromatisch, Nüsse; wenig Säure und Alkohol, eher schlank.

→ Reinsortig ist er dunkelfarben; sehr fruchtig, beerig und würzig, mit frischer Säure, wenig Tannin und reichem Körper. Bei Merlot-Zugabe u. a. Kakaonoten. Ist die vielversprechendste Sorte Siziliens, die auch die unterschiedlichen Terroirs schön zum Ausdruck bringen kann.

→ Dunkelfarben; fruchtig; schlank, geschmeidige Tannine.

→ (Über)reife Früchte, Pflaumen, Brombeeren, Rosinen; körperreich, kraftvoll, meist trocken ausgebaut. Die süßen, alkoholstarken Weine sind am Verschwinden.

→ Schwarze Beeren, Pflaumen; körperreich.

→ Fruchtiger, weicher, eher leichter Wein.

→ Fruchtig, aber oft zu wuchtig ausgebaut.

→ Reifer Apfel, Harznoten, Kräuter, Anis; körperreich bis fleischig, frische Säure.

→ Würzig, Nüsse, Röstaromen, welke Blumen; trocken, fleischig, Bitternote. Alkoholgehalt: ab 15 Vol.-%. Bei gespriteten Weinen alkoholische Note.

TIPP: *Empfehlenswert sind Sardiniens weißer Vermentino di Gallura, der Sherry-artige Vernaccia di Oristano und der typische Cannonau di Sardegna. Oder die süßen Passito-Weine aus teilgetrockneten Trauben.*

Galicien

Gebiet	Fläche	Bewertung	Typ	Trinkreife	Albariño (Weiss)	Godello (Weiss)	Treixadura (Weiss)	Palomino (Weiss)	Mencía (Rot)	Merenzao (Rot)	Caíño (Rot)	Diverse
Monterrei	*500 ha*	■■□□	WW	jung trinken		●●	●●	●				●●
Rías Baixas	*2650 ha*	□■■□	WW	jung trinken	●●●		●					●
Ribeira Sacra	*1200 ha*	■■□□	RW	2–4 Jahre					●●●			●
Ribeiro	*3000 ha*	■■□□	WW	jung trinken	●	●	●●●	●				
		■■□□	RW	2–4 Jahre					●		●●●	●
Valdeorras	*2700 ha*	■■■□	WW	jung trinken		●●		●●				●
		■■□□	RW	jung trinken					●●	●●		●

Rioja und Navarra

Gebiet	Fläche	Bewertung	Typ	Trinkreife	Viura/Macabeo (Weiss)	Malvasia (Weiss)	Garnacha blanca (Weiss)	Tempranillo (Rot)	Garnacha (Rot)	Graciano (Rot)	Mazuelo (Rot)	Diverse
Rioja	*62 500 ha*	■■■□	WW	bis 5+ Jahre	●●●	●	●					
		■■■■	RW	3–10+ Jahre				●●●	●	●	●	
Navarra	*18 500 ha*	■■■□	RW	3–8 Jahre				●●	●●●	●	●	●

GUT ZU WISSEN: *Die Weißweine aus Rías Baixas gehören zu den besten Spaniens; entdeckenswert sind auch die Valdeorras aus der Godello-Traube.*

Mazuelo ist bekannter unter dem Namen Cariñena/Carignan. Palomino ist auch als Jerez bekannt, Merenzao als Bastardo.

CHARAKTERISTIKEN

→ Goldgelb; fruchtig, vegetabile Note; rund, angenehme Säure.

→ Intensive Frucht, Pfirsich, Aprikose, Grapefruit, Anis, Fruchtschalen; körperreich, mit frischer Säure.

→ Hell, leicht und fruchtig.

→ Delikates Bukett, Heu, blumig, grüner Apfel; rund, manchmal süßlich.

→ Kräuterwürzig, teils mit markanter Säure.

→ Die besseren Weine sind aus der Godello-Traube – blumig, Apfelnote; recht körperreich, erfrischende Säure.

→ Hell, leicht und fruchtig.

CHARAKTERISTIKEN

→ Im Stahltank ausgebaute Weine sind fruchtig, mit Kräuter- und Zitrusnoten, die im Eichenfass gereiften weisen oft intensive Holz-/Eichenaromen auf und sind von cremiger Textur bei geschmeidiger Säure.

→ Im Stahltank ausgebaute Weine sind fruchtig (Erdbeere) und leicht zu trinken. Im Holzfass gelagerte duften nach Eichenholz/Vanille oder Röstaromen, aber auch nach Beeren, Kirschen oder Pflaumen. Positiv sind Tabak- und Kräuterdüfte. Mit zunehmendem Alter Leder- oder andere tierische Noten.

→ Würzig, Erdbeeren, Waldbeeren, Pflaumen, Eiche, Röstaromen, Schokolade. Die Tempranillo-betonten Weine des Nordens haben in der Regel eine frischere Frucht als die Garnacha-Weine des Südens.

GUT ZU WISSEN:

Klassifikation der roten Riojas:
– sin crianza: ohne Fassausbau (jung trinken)
– (con) Crianza: 2 Jahre Lagerung, davon 1 Jahr im kleinen Eichenfass
– Reserva: 3 Jahre Lagerung, davon 1 Jahr im kleinen Eichenfass
– Gran Reserva: 2 Jahre Eichenfass und mindestens 3 Jahre in der Flasche.

Im Allgemeinen sind die Roten aus Rioja Alta länger haltbar als jene aus Rioja Baja.

Aragón

					WEISS			ROT				
					Macabeo/Viura	Garnacha blanca	Moscatel	Garnacha tinta	Mazuela/Cariñena	Tempranillo	Moristel	Diverse
Calatayud	■■□□	WW	jung trinken	*5900 ha*	•••	•	•					
	■■□□	RW	2–4 Jahre					••••••	•	•		
Campo de Borja	■■□□	WW	jung trinken	*7900 ha*	•		•					
	■■□□	RW	2–4 Jahre					••••••	•	•		•
Cariñena	■■□□	RW	2–4 Jahre	*16 700 ha*				••••••	•	•		•
Somontano	■■□□	WW	jung trinken	*4100 ha*	•••	•••						•
	■■■□	RW	2–5+ Jahre					•		•	•••	•••

Kastilien-Léon

					WEISS			ROT				
					Verdejo	Macabeo/Viura	Palomino	Garnacha tinta	Tempranillo	Cabernet Sauvignon	Mencia	Diverse
Bierzo	■□□□	WW	jung trinken	*3900 ha*			•••					•••
	■■□□	RW	jung trinken								••••••	•
Cigales	■■□□	RW	2–4 Jahre	*2700 ha*				•••	••••••			•
Ribera del Duero	□■■■	RW	5–10+ Jahre	*18 500 ha*				•	••••••	•		•
Rueda	■■□□	WW	jung trinken	*7400 ha*	••••••	•••	•					•
Toro	□■■□	RW	4–10 Jahre	*5500 ha*				•••	••••••			•

GUT ZU WISSEN: *Somontano drängt mit Tempranillo-Weinen und den internationalen Sorten Chardonnay, Cabernet Sauvignon, Merlot, Pinot noir und Syrah auf den Markt. Die traditionellen Weine sind am Verschwinden.*
Tempranillo wird in Kastilien-Léon auch als Tinta del Pais oder Tinta de Toro bezeichnet.

CHARAKTERISTIKEN

- In der Regel einfache Alltagsweine.
- Dunkel; Pflaumen, Marmelade; körper- und alkoholreich, meist genügend Säure.

- In der Regel einfache Alltagsweine.
- Dunkel, fruchtig, Pflaumen, fleischig, alkoholreich. Bei Holzfassausbau mitunter tierische Noten. Ausgewogener als der Rotwein aus der Region Cariñena.

- Dunkel; Veilchen, Brombeeren, Pflaumen, Röstnoten; alkohol- und körperreich, eher säurearm.

- In der Regel einfache Alltagsweine.
- Der traditionelle Wein ist hell, fruchtig, mit Pflaumen und Tabaknoten, rund und hat eine frische Säure.

CHARAKTERISTIKEN

- In der Regel mit wenig Charakter.
- Sehr fruchtige (Beeren) und eher leichte Weine. Eichenholzaroma bei Holzausbau.

- Fruchtig und eher leicht.

- Sehr dunkle Farbe; Beeren, Kirschen, Pflaumen, Kakao, Karamell; kraftvoll und körperreich. Im Alter würzig mit Holz- und Ledernoten.

- Fruchtig, Apfel, Pfirsich, Anis, Minze, frische Kräuter; leichte Bitternote. Neben dem normalen Weißwein werden auch Florweine im Sherry-Stil sowie Süßweine gekeltert.

- Sehr dunkel; intensive Nase, Brombeeren, schwarze Früchte; gerbstoff- und säurereich, fleischig, alkoholreich.

NAMEDROPPING: *Die Ribera-del-Duero-Weingüter mit der größten Aura und den höchsten Preisen sind Vega Sicilia und Dominio de Pingus. Mehrere Produzenten sind den Leadern auf den Fersen, bei weitaus moderateren Preisen.*

Katalonien

				WEISS				ROT			
				Garnacha blanca	Macabeo/Viura	Parellada	Xarello	Cariñena	Garnacha tinta	Ull de Llebre	Diverse
Alella *330 ha*	■■□□	WW	jung trinken	●●	●	●	●●				●
Catalunya *3900 ha*	■■□□	WW	jung trinken		●●	●●	●●				●
	■■□□	RW	1–4 Jahre					●	●●	●●	●
Cava *32 000 ha*	■■■□	Sch	nicht lagern		●●	●●	●●				●
Conca de Barberá *6000 ha*	■■□□	WW	jung trinken		●●	●●					●
Costers del Segre *4100 ha*	■■■□	WW	jung trinken	●●	●●	●●	●●				●
	■■■□	RW	2–6 Jahre						●●	●●	●●
Empordà-Costa Brava *3000 ha*	■■□□	RW	1–3 Jahre					●●●	●	●	
Montsant *2100 ha*	■■■□	RW	3–8 Jahre					●●	●●●	●	●
Penedés *27 500 ha*	■■■□	WW	jung trinken		●●	●●	●●				●
	■■■□	RW	2–6 Jahre					●●	●●	●●	●●
Priorato *1800 ha*	□■■□	WW	1–4 Jahre	●	●						●●
	□■■■	RW	3–8+ Jahre					●●	●●		●
Tarragona *7400 ha*	■■□□	WW	jung trinken	●●	●●	●●	●●				●
	■■□□	RW	1–4 Jahre					●●	●●	●●	●
Terra Alta *9200 ha*	■■□□	WW	jung trinken	●●	●●	●●	●●				●
	■■□□	RW	1–4 Jahre					●●	●●	●●	●

GUT ZU WISSEN: *In Katalonien werden zunehmend internationale Rebsorten wie Chardonnay, Cabernet Sauvignon, Merlot, Pinot*

CHARAKTERISTIKEN

→ Die Mehrzahl der Weine ist fruchtig und eher leicht. Daneben gibt es komplexere Weiße, ausgebaut im Barrique.

→ Intensives Gelb; fruchtig; eher leicht.

→ Fruchtig, Waldbeeren, rund.

→ Die jungen Cavas sind unkompliziert, fruchtig, erdig (Xarello), Brioche, leicht und frisch. Je nach Zuckergehalt (Dosage) sind sie trocken bis süß. Die Gran Reservas reifen 30 Monate in der Flasche und entwickeln komplexere Noten: Fruchtig, begleitet von krautigen Noten, Röstaromen, Mandeln; cremige Textur.

→ Fruchtig und eher leicht.

→ Fruchtig, frisch; angenehme Säure, leicht. Komplexere Weine bei Verschnitt mit internationalen Rebsorten.

→ Intensive Aromen, reife Früchte, körperreich.

→ Würzig und rund. Die Novell-Weine sind fruchtig und sollten noch im Jahr der Ernte getrunken werden.

→ Reife Beerenfrüchte, mineralisch, Röstaromen; fleischig und kraftvoll. Können an Priorato-Weine erinnern.

→ Fruchtig, Apfel, frisch und leicht. Interessant sind die Chardonnay-Weine: Zitrus- und Honignoten, körperreich.

→ Fruchtig, unkompliziert, rund. Verkosten Sie auch die Weine aus den internationalen Rebsorten.

→ Fruchtig, Kräuter, Pflaumen; körperreich. Bei Holzausbau: Röst- oder Holzaromen, Lakritze.

→ Komplex, reife Beerenfrüchte, mineralisch, Röstaromen; fleischig und kraftvoll.

→ Intensives Gelb; fruchtig, würzig; eher körperreich.

→ Würzig, getrocknete Früchte; recht körperreich.

→ Komplexe Nase, reife Früchte, Kräuter; körperreich, eher wenig Säure.

→ Würzig, getrocknete Früchte; körperreich.

noir usw. angebaut. Die Charakteristiken beziehen sich primär auf Weine aus den traditionellen Rebsorten. Ull de Llebre ist der katalanische Name für Tempranillo.

					WEISS			ROT				
					Airén	Macabeo	Merseguera	Bobal	Monastrell	Garnacha	Tempranillo	Diverse
Murcia												
Bullas	*2800 ha*	■□□□	WW	jung trinken	●●	●●●						
		■■□□	RW	2–4 Jahre					●●●	●	●	●
Jumilla	*42 000 ha*	■□□□	WW	jung trinken	●●●	●●						
		■■□□	RW	2–4 Jahre					●●●	●	●	●
Yecla	*4300 ha*	■■□□	RW	2–4 Jahre					●●●	●	●	●
Valencia												
Alicante	*14 300 ha*	■■□□	RW	2–4 Jahre					●●●	●	●	●
Utiel-Requena	*41 000 ha*	■■□□	RW	2–4 Jahre				●●●		●	●	●
Valencia	*17 500 ha*	■□□□	WW	jung trinken			●●●					
		■■□□	RW	2–4 Jahre					●●	●●	●●	●

CHARAKTERISTIKEN

→ Blass; grüne Früchte; leicht.

→ Dunkel; reifes Traubenaroma, Rosinen; fleischig, eher gerbstoff- und säurearm.

→ Kräftiges Aroma; fruchtig, würzig; recht körperreich.

→ Dunkel; reife, rote Früchte, Rosinen; körper- und alkoholreich.

→ Dunkel; reife, rote Früchte, würzig, Rosinen; körper- und alkoholreich.

→ Dunkel; reife Früchte, Unterholz, würzig, Rosinen; körper- und alkoholreich.

→ Dunkel; körperreich, frische Säure.

→ Neutral, leicht grünliche Noten; körper- und alkoholreich, wenig Säure.

→ Reife Früchte, erdige Noten; recht körperreich.

Kastilien-La Mancha

	Fläche	Qualität	Typ	Trinkreife	WEISS: Airén	WEISS: Macabeo/Viura	WEISS: Malvar	ROT: Cencibel *	ROT: Garnacha tinta	ROT: Garnacha Tintorera	ROT: Monastrell **	Diverse
Almansa	*7600 ha*	■■□□	RW	1–3 Jahre				•		••••••	•••	
La Mancha	*192 000 ha*	■□□□	WW	jung trinken	••••••	•						
		■■□□	RW	1–3 Jahre				••••••	•			•
Madrid ***	*10 600 ha*	■□□□	WW	jung trinken	•		••••••					•
		■■□□	RW	1–3+ Jahre				•••	••••••			•••
Méntrida	*13 000 ha*	■□□□	RW	1–3 Jahre				•	••••••			•
Mondéjar	*2100 ha*	■□□□	WW	jung trinken		•	••••••					
		■■□□	RW	1–3 Jahre				••••••				•
Valdepeñas	*30 000 ha*	■□□□	WW	jung trinken	••••••	•						
		■■□□	RW	1–3 Jahre	•			•••	•••			•

GUT ZU WISSEN: *Kastilien-La Mancha ist die größte Weinbauregion Spaniens. Fast die Hälfte des in Spanien erzeugten Weins stammt aus dieser Region.*

* *Tempranillo*

** *Mourvèdre*

*** *Madrid gehört nicht zum Weinbaubereich Castilla-La Mancha, sondern ist eine eigene, so genannte Autonomía.*

CHARAKTERISTIKEN

Rotweine aus diesen Regionen sind meist dunkel, haben Aromen reifer Früchte (Erdbeermarmelade, Feige) und erdige Noten, sind körper- und alkoholreich bei eher wenig Säure. Die Weine aus Mondéjar können recht adstringierend sein.

Neue Weine, aus internationalen Rebsorten gekeltert und häufig mit modernen Kellermethoden hochgezüchtet, sind im Kommen (siehe Kapitel »Aus dem Zauberland«).

Weißweine aus der Airén-Traube haben ein neutrales Aroma und sind körper- und alkoholreich, mit wenig Säure. Aus der Malvar-Traube sind sie fruchtig, manchmal auch würzig und eher säurearm.

Andalusien > *Sherry*

Fino
WW trinken bei 14–16 °C

Amontillado
WW trinken bei 16–18 °C

Oloroso
WW trinken bei 16–18 °C

Palo Cortado
WW trinken bei 16–18 °C

Cream Sherry
SüW trinken bei 16–18 °C

Pale Cream Sherry
SüW trinken bei 16–18 °C

Pedro Ximénez (Vino dulce)
SüW trinken bei 16–18 °C

Manzanilla
WW trinken bei 14–16 °C

GUT ZU WISSEN: *In der D.O. Jerez-Xérès-Sherry werden auf rund 10 000 ha die Rebsorten Palomino, Pedro Ximénez (kurz: PX) und Moscatel kultiviert.*

TIPP: *Weine, die auf den Markt kommen, sind in der Regel trinkbereit. Die Süßen (z. B. Pedro Ximénez) bilden eine Ausnahme: Die besten können noch mehrere Jahrzehnte gelagert und sollten nicht zu jung getrunken werden. Angebrochene Flaschen lassen sich gut einige Tage im Kühlschrank aufbewahren.*

CHARAKTERISTIKEN

- Ein Sherry, der im Solera-System ausgebaut und ständig von einer Hefeschicht (Flor) bedeckt wird. Durchschnittsalter des Weins: 5 Jahre. Blassgelb; feingliedriges, etwas stechendes Bukett (Mandeln, Rancio, Hefe); trocken bis sehr trocken, runder Körper, leicht bitter. 15–18 Vol.-%.

- Lang gereifter Fino, bei dem die Florhefen abgestorben sind. Ein Sherry-Typ mit viel Schmelz und Komplexität: bernsteinfarben; leicht stechendes Bukett, Haselnuss, Mandeln, Rancio, Holz, Karamell; wenig Säure, körperreich. Obwohl trocken, wirkt er »süßer« als der Fino. 16–22 Vol.-%.

- Wird oxidativ, d. h. ohne Hefeflor ausgebaut. Bernsteinfarben bis braun; sehr aromatisch, Walnuss, Karamell, Feigen, Rosinen; fleischig, trocken, leicht tanninbetont durch langen Holzausbau. Oloroso ist in der Regel trocken. Wird er mit sehr süßem Wein aus Pedro Ximénez oder Moscatel verschnitten, entsteht ein Oloroso dulce. 17–22 Vol.-%.

- Ein älterer Sherry, der ohne Florschicht ausgebaut wird und einen raffinierten Geschmack erreichen kann. Ist dem Oloroso nahe, hat aber mehr Schmelz. Eine der schönsten Sherry-Arten. Bernsteinfarben; Rancio, sehr reife Nüsse, Holz; trocken, körperreich. 17–22 Vol.-%.

- Vermählung eines Oloroso mit einem sehr süßen Grundwein (Pedro Ximénez oder Moscatel). Bernsteinfarben bis braun; Röst- und Rosinennoten; süß. 15,5–22 Vol.-%.

- Mischung eines Fino mit einem sehr süßen Grundwein (Pedro Ximénez oder Moscatel). Eher blass, leicht süß. 15,5–22 Vol.-%.

- Aus getrockneten Beeren der gleichnamigen Rebsorte bereitet. Die Gärung wird durch Zugabe von Alkohol unterbrochen. Oxidativer Ausbau (mit Sauerstoffkontakt). Sehr dunkel; kräftiges Aroma, Rosinen, Datteln, Feigen; fleischig und süß. Ca. 17 Vol.-%.

- Ähnlich wie ein Fino, aber nicht aus der D.O. Jerez-Xérès-Sherry, sondern aus der Region um Sanlúcar de Barrameda, in Meeresnähe. Ist etwas salziger und säurebetonter, kann auch an Kamillentee erinnern. 15–19 Vol.-%.

SHERRY UND ESSEN

Fino und Manzanilla → *Zu pikanten (Vor-)Speisen: geräucherter Fisch, Rohschinken, salziger Käse.*
Amontillado → *Fois gras, Fischmousse, Pastete, Schinken, Melone.*
Oloroso und Palo Cortado → *Zu Baum- und Haselnüssen, gutem Hartkäse.*
Pedro Ximénez → *Zu Schokoladengebäck oder auf Vanilleeis.*

Gesamtanbaufläche: 260 000 ha

Alentejo

RW

Algarve

WW

RW

Bairrada

Sch

RW

Dão

WW

RW

Douro

WW

RW

Ribatejo

RW

Setúbal (Terras do Sado)

SüW

Vinho verde

WW

RW

GUT ZU WISSEN: *Garrafeira ist die Bezeichnung für Spitzenwein aus einem besonders guten Jahr, bei Rotweinen mit einer dreijährigen oder längeren Ausbauzeit in Fass und Flasche.*

DOC ist die höchste Qualitätstufe, gefolgt von den IPR-Weinen. Oft werden diese beiden Stufen unter der Sammelbezeichnung VQPRD in den Handel gebracht.

CHARAKTERISTIKEN DER WICHTIGSTEN REBSORTEN

Die portugiesischen Weine zu ergründen ist nicht ganz einfach: Es gibt über 300 verschiedene Rebsorten, allein im Douro-Tal über 100. Nicht nur, dass die meisten dieser Sorten im Ausland unbekannt sind, sie werden auf dem Etikett oft auch nicht deklariert. Waren die Rotweine früher gerbstoffreiche Brocken, die sich kaum je freundlich zeigten, wird heute vermehrt auf fruchtigere, zugänglichere Weine gesetzt, auch bei den Weißen.
Lassen Sie sich nicht davon abhalten, die portugiesischen Weine zu entdecken, sie können köstlich sein!

WEISSWEINE

Alvarinho → Aromatisch, Aprikose, Pfirsich; körperreich, kräftige Säure.

Arinto (Pedernã) → Zitrusnote; markante Säure. Dem Riesling ähnlich.

Gouveio (Verdelho) → Apfelnoten; körperreich.

Loureiro → Aromareich, Lorbeerblatt, Muskatnuss; eher leicht.

Trajadura → Blumig, Zitrusnote; körperreich.

ROTWEINE

Alfrocheiro preto → Dunkelfarben; würzig, schwarze Beeren, Anis; alkohol- und körperreich.

Baga (Tinta Bairrada) → Pflaume, Tabak, Schwarze Johannisbeeren, Pfeffer; kräftige, tannin- und gerbstoffreiche Sorte. Hauptsorte im langlebigen Bairrada, liefert aber auch die Basis für den fruchtigen Mateus Rosé.

Castelão Frances (Periquita, João de Santarém) → Eher helle Farbe; fruchtig, Beeren, im Alter auch tierische Noten; körperreich und weich.

Tinta barroca → Sehr fruchtig, Brombeeren, Kirschen; körperreich und weich. Gilt als »Weichmacher« für Vintage Ports.

Tinto Cão → Würzig; bringt Säure und Textur. Eine wichtige Portweinsorte.

Tinta Roriz (Aragonez, Tempranillo) → Dunkelfarben; komplex, kann im Alter schöne Tertiäraromen bilden (Holz, Tabak, erdige Noten etc.); recht tanninreich.

Touriga francesa → Blumige Noten, Rosen; eher schlank.

Touriga nacional → Kräftige Farbe; schwarze Früchte, Schwarze Johannisbeeren, Leder; tanninreich. Wichtige Portweintraube.

Trincadeira preta (Tinta amarela) → Dunkelfarben; fruchtig, Kräuter, würzig, Kakao; recht tanninreich.

Portugal > Portwein

White Port
WW SüW jung trinken, bei 14–16 °C

Ruby Port
SüR jung trinken, bei 16–18 °C

Tawny Port
SüR jung trinken, bei 16–18 °C – oder weiterverschenken …

Tawny Port, 10, 20, 30, 40 years old
SüR nicht weiter lagern, trinken bei 16–18 °C

Colheita
SüR nicht weiter lagern, trinken bei 16–18 °C

Late Bottled Vintage (LBV)
SüR nicht weiter lagern, trinken bei 16–18 °C

Vintage Port
SüR 10–30+ Jahre, trinken bei 18 °C

GUT ZU WISSEN: *Für die Portweinerzeugung sind rund 30 weiße und rote Rebsorten zugelassen. Große Ports werden aber fast ausschließlich aus den folgenden fünf Sorten gekeltert: Touriga nacional, Touriga francesa, Tinta Roriz (= Tempranillo), Tinto Cão und Tinta barroca.*

CHARAKTERISTIKEN

→ Weißer Port.
Blumig-würzige Noten; trocken oder halbtrocken.

→ Verschnitt jüngerer Portweine, meistens nach zwei bis drei Jahren Lagerung in Flaschen abgefüllt.
Sehr fruchtig, Pflaume, eine Spur Pfeffer; in verschiedenen Süßegraden. Kann einem jungen Vintage Port ähnlich sein, ist jedoch weniger extraktreich.

→ Leider meist in Supermarktqualität produziert. Nussig, süß, wenig Charakter.

→ Portwein aus mehreren Jahrgängen, wobei die Anzahl der Jahre der durchschnittlichen Fasslagerung entspricht. Diese Tawnies können, neben den Vintage Ports, den höchsten Genuss aller Portweine bieten. In der Regel haben die 20-jährigen das beste Preis-Genuss-Verhältnis.
Die zehnjährigen Tawnies sind noch fruchtig (Zwetschgen, gekochte Früchte), die älteren sind sehr komplex, mit verschiedenen Nuss- und Röstaromen, würzigen Noten (Pfeffer), Rosinen, Kaffee, Tabak. Sehr elegant am Gaumen.

→ Ein Tawny aus einem einzelnen Jahrgang. Mindestens sieben Jahre Fassausbau. Ähnlich einem zehnjährigen Tawny.

→ Portwein aus einem bestimmten Jahrgang (»vintage«). Reift dreieinhalb bis sechs Jahre im Fass, bevor er in Flaschen abgefüllt wird.
Etwas heller und leichter als der Vintage Port. Rote Beeren, würzig, Pflaumen, Rosinen; fleischig und süß.

→ Jahrgangs-Port, wird nach 18–24 Monaten Holzfassausbau in Flaschen abgefüllt. In der Jugend purpurfarben, sehr fruchtig, Beeren, würzige Noten, Pfeffer; fleischig, extraktreich und süß (die Süße baut sich mit der Zeit ab, die Alkoholnote wird eher stärker). Die Aromen im Alter: Feigen, verschiedene Nüsse, (Dörr-)Pflaume, Kakao und und und.
Ältere Vintage Ports weisen sehr viel Depot auf (bis zu einem Viertel des Flascheninhalts!) und müssen deshalb vor dem Servieren dekantiert werden. Auch jung schon ein Genuss!

TIPP: PORT UND ESSEN

White Port → *Als Aperitif.*
Ruby Port → *Als Aperitif oder zum Zwetschgendessert (Zwetschgenkompott mit Zimt, Zwetschgentörtchen).*
Ältere Tawnies → *Zu leichteren Käsen, Ziegenkäse, Rosinen, getrockneten Früchten.*
Late Bottled Vintage (LBV) → *Zu kräftigen Wildgerichten und Käse.*
Vintages → *Zu sehr kräftigen Wildgerichten, salzigem Blauschimmelkäse (z. B. Stilton), zu dunklen Schokoladenspeisen, Nuss- und Mandelgebäck. Oder zum Meditieren und Abheben ...*

Ostschweiz

		WEISS				ROT			
		Chasselas	Riesling x Sylvaner *	Sylvaner	Chardonnay	Pinot noir	Gamay	Merlot	Diverse
Aargau	*390 ha*		●●●●●●			●●●●●●			●
Basel	*110 ha*	●	●●●			●●●●●●			●
Graubünden	*420 ha*		●		●	●●●●●●			●
Schaffhausen	*470 ha*		●			●●●●●●			●
St. Gallen	*220 ha*		●●●		●	●●●			●
Thurgau	*270 ha*		●●●●●●			●●●●●●			●
Zürich	*620 ha*		●●●		●	●●●●●●			●

* Müller-Thurgau

Schweiz > Rebsorten

Amigne * *35 ha*
□□■■ SüW WW Spitzenweine 10+ Jahre

Bondola *15 ha*
■■□□ RW eher jung trinken

Chardonnay *300 ha*
■■■□ WW eher jung trinken

Chasselas (Gutedel, Fendant) *4600 ha*
■■■□ WW eher jung trinken; Spitzenweine 10+ Jahre

Completer *2 ha*
□■□□ WW eher jung trinken

* Walliser Spezialität

		WEISS				ROT			
		Chasselas	Riesling x Sylvaner *	Sylvaner	Chardonnay	Pinot noir	Gamay	Merlot	Diverse
Südschweiz									
Tessin	*1040 ha*				●			●●●●●●	●
Misox (GR)	*31 ha*				●			●●●●●●	●
Drei-Seen-Region									
Bern (Bielersee)	*220 ha*	●●●●●●		●	●	●●●			●
Fribourg	*120 ha*	●●●●●●				●			●
Neuenburg	*590 ha*	●●●●●●				●●●●●●			●
Westschweiz									
Waadt	*3870 ha*	●●●●●●			●	●	●		●
Genf	*1280 ha*	●●●			●	●	●●●		●
Wallis	*5200 ha*	●●●		●●●	●	●●●	●●●		●

CHARAKTERISTIKEN

→ Komplexes Bukett, tropische Früchte, Mandarine, Nüsse, Honig; körperreich, frische Säure, leicht gerbstoffhaltig. Harmonisch am Gaumen. In der Regel aus rosinierten Beeren süß ausgebaut (»flétrie«).

→ Sehr fruchtig; bei gut gereiftem Traubengut Veilchen und Zwetschgen, ansonsten Holunderblüten. Intensive Säure, mittleres Tannin. Gute Weine gelingen nur sehr ambitionierten Winzern in guten Jahren.

→ Fruchtig (Apfel, Grapefruit, Pfirsich); eher säurereich. Bei Barriqueausbau Vanille- und Röstaromen, Butter; körperreich, geschmeidige Säure.

→ Recht neutrale Rebsorte, mit blumigen und fruchtigen Noten, Lindenblüte; eher säurearm, leicht bitter. Die Spitzenweine und auch die meisten Weine aus dem Chablais zeichnen sich durch kräftige Terroirnoten aus (mineralische Noten, Feuerstein, Rauch), im Alter entwickeln sich Honig-, Nuss- und Röstaromen. Weine aus Neuenburg sind meist spritzig, jene aus dem Wallis körperreich.

→ Nussig; kräftige Säure.

Schweiz > *Rebsorten* (Fortsetzung)

Cornalin* (Landroter) *79 ha*
RW 4–6 Jahre

Ermitage* (Marsanne blanche) *41 ha*
WW 1–5 Jahre

Gamay *1710 ha*
RW jung trinken

Gamaret *260 ha*
RW 3–5 Jahre

Garanoir *145 ha*
RW eher jung trinken

Heida* (Païen, Savagnin blanc) *41 ha*
WW 1–5+ Jahre

Humagne blanc/blanch* *23 ha*
WW 1–5 Jahre

Humagne rouge* *100 ha*
RW 1–4 Jahre

Malvoisie* (Pinot gris) *192 ha*
WW 5–10 Jahre

Merlot *950 ha*
RW 1–5+ Jahre

Mondeuse *2 ha*
RW 2–5 Jahre

Muscat (Muskateller) *45 ha*
WW jung trinken

Petite Arvine* (Arvine) *116 ha*
WW eher jung trinken, die Süßen 3–7 Jahre lagern

Pinot noir (Blauburgunder, Clevner, Spätburgunder) *4530 ha*
RW 1–5+ Jahre

* Walliser Spezialität

CHARAKTERISTIKEN

→ Intensive Frucht, Kirsche, schwarze Beeren, Leder, Teer; gerbstoff- und säurereich in der Jugend. Grasige Noten bei hohem Ertrag. Gewinnt durch Barriqueausbau und Lagerung.

→ Waldbeeren, Obst, im Alter balsamische Noten (Honig, Wachs) und Trüffel; füllig/fleischig, geschmeidige Säure.
Die trocken ausgebauten Weine jung trinken, die süßen einige Jahre lagern.

→ Violette Farbe; Himbeeren und andere Beerenfrüchte, erdige Noten; meist leicht und süffig. Plant Robert ist eine rare Gamay-Selektion im Lavaux-Gebiet: kräftige Nase, Waldbeeren, würzig (Pfeffer, Zimt), blumige Noten.

→ Kräftige Nase, schwarze Beeren, rote Früchte (Kirschen, Zwetschgen), im Alter würzige Noten (Pfeffer) und Unterholz; gerbstoffreich. Eignet sich für Barriqueausbau.

→ Milder, fruchtiger Rotwein. Wird meist für Assemblagen verwendet.

→ Zitrusfrüchte, Rhabarber, Zitronenkraut, im Alter Nussaromen; trocken, säure- und körperreich.

→ Blumig (Lindenblüte), fruchtig; frische Säure. Nach drei bis vier Jahren Lagerung Harz-/Nadelbaumnoten. Leicht gerbstoffhaltig.

→ Sehr fruchtig (Waldbeeren, Kirsche, Schwarze Johannisbeere), tierische Noten (Leder); kräftige Struktur, leicht bitter.

→ Kräftige Aromen, Birne, Quitte, Kamille, Moos, leichte Bitternote; meist süß vinifiziert.

→ Rote Beeren, Kirsche, Pflaume, rauchige Noten, gelegentlich leicht grasig (unreife Beeren). Röstaromen bei Barriqueausbau. Weich mit eher wenig Gerbstoffen.

→ Erdige Noten, Unterholz, Weichselkirsche, reife Beeren, Pfeffer; kräftige Tannine, frische Säure.

→ Sehr fruchtig, traubig.

→ Sehr aromatisch, Rhabarber, Grapefruit, blumig, mineralisch, Holznoten bei Barriqueausbau, leicht salzig, rassige Säure. Trocken oder süß ausgebaut (»flétri«).

→ Die Masse ist eher blass, meist fruchtbetont (Rote Johannisbeere, Himbeere, Erdbeermarmelade), leicht und samtig. Die Spitzenweine sind komplexer: würzig, Himbeeren, Kirschen, reife Früchte, Rauch, Barriquenoten; recht körperreich.

Schweiz > *Rebsorten* (Fortsetzung)

Riesling x Sylvaner (Müller-Thurgau) *545 ha*
WW jung trinken

Räuschling *22 ha*
WW jung trinken

Sauvignon blanc *97 ha*
WW jung trinken

Sylvaner (Johannisberg, Rhin, Grüner Silvaner) *216 ha*
WW Die Süßen können mehrere Jahre gelagert werden.

Syrah *147 ha*
RW 3–5+ Jahre

Viognier *18 ha*
WW jung trinken

GUT ZU WISSEN: *Im Wallis sind rund 48 verschiedene Rebsorten angepflanzt. Zu den begehrtesten einheimischen/autochthonen Sorten zählen die weißen Petite Arvine und Amigne sowie der rote Cornalin; Heida ist im Kommen.*

Die berühmten Terroirnoten der Chasselas-Gewächse kommen in den Topweinen aus Dézalay, Aigle oder Yvorne am zuverlässigsten zum Ausdruck.

Chasselas-Weine kommen in der Waadt als Dorin, in Genf und Neuenburg als Perlan, im Wallis als Fendant in den Handel.

Der fruchtige Walliser Dôle besteht aus Pinot noir und Gamay, wobei der Pinot-noir-Anteil überwiegen muss. Den beiden Rebsorten können weitere beigeben werden (max. 15 % Gamaret, Diolinoir, Syrah usw.). In der Waadt heißt ein ähnlicher Wein Salvagnin, er besteht aus Pinot noir und Gamay.

Riesling x Silvaner wird vermehrt unter dem Namen Müller-Thurgau verkauft, seit die wahren Ahnen dieser Kreuzung bekannt sind: Riesling und Madeleine Royal, ein Gutedel/Chasselas-Abkömmling.

CHARAKTERISTIKEN

- Sehr fruchtig, traubig, würzig; mittlerer Körper.
- Fruchtig, blumig, mit saftiger Säure.
- Kräftige Aromen, Stachelbeere, tropische Früchte, grüne Noten (Gras), Rauch; körperreich, rassige Säure.
- Fruchtig, würzig, geröstete Mandeln, körperreich, leicht bitter. Trocken oder süß ausgebaut.
- Schwarze Beeren, würzig (Pfeffer), Lakritze; gerbstoff- und körperreich. Bei Barriqueausbau süß-fruchtig mit Holz- oder Vanillenoten.
- Pfirsich, Aprikosen, blumige und würzige Noten. Elegante Säure.

Deutschland > Regionen		WEISS					ROT					
		(Weißer/Rhein-) Riesling	Müller-Thurgau	Silvaner	Grauburgunder	Weißburgunder	Spätburgunder	Dornfelder	Portugieser	Trollinger	Schwarzriesling	Diverse
Ahr	*540 ha*	•					•••		••			•
Baden	*15 980 ha*											
Bad. Bergstraße und Kraichgau		••	•		•	•	••		•	•	•	•
Bodensee			•••	•		•	•••					•
Breisgau			••		••	•	•••					•
Kaiserstuhl		•		•	••	••	•••					•
Markgräflerland (das »Gutedel-Land«)					•	•	••					•••
Ortenau		•••			•	•	•••					•
Tauberfranken			•••	•							•	•
Tuniberg					••	••	•••					•
Franken	*6050 ha*		•••	••								•
Hessische Bergstraße	*440 ha*	•••	•		•							•
Mittelrhein	*470 ha*	•••	•				•					•
Mosel-Saar-Ruwer	*9270 ha*											
Obermosel (das »Elbling-Land«)		•	•									•••
Mittelmosel		•••	••									•
Saar		•••	••									•
Ruwer		•••	••									•
Terrassenmosel/Untermosel		•••	••									•
Nahe	*4150 ha*	•••	••	•				••				•
Pfalz	*23 410 ha*											
Mittelhaardt-Deutsche Weinstraße		•••	••	•		•	•	•	••			•
Südliche Weinstraße		••	•		•	•	••	••	••			•
Rheingau	*3140 ha*	•••	•				••					•
Rheinhessen	*26 180 ha*	••	•••	••			•	••	•			•
Saale-Unstrut	*650 ha*		•••	•		••						•
Sachsen	*420 ha*	••	•••			••						•
Württemberg	*11 520 ha*	•••					•			•••	••	•

QUALITÄTSSTUFEN DER DEUTSCHEN WEINKLASSIFIZIERUNG

Tafelwein
→ Mindestmostgewicht von 44° Oe (5 Vol.-%). Aufzuckerung erlaubt.

Landwein
→ Wie Tafelwein, aber mit 0,5 Vol.-% höherem natürlichem Alkoholgehalt. Aufzuckerung erlaubt.

Qualitätswein bestimmter Anbaugebiete (Q. b. A.)
→ Je nach Region und Rebsorte unterschiedliche Mindestmostgewichte: 51 bis 72° Oe. Aufzuckerung begrenzt erlaubt. In dieser Klasse ist auch der Qualitätswein garantierten Ursprungs (Q. g. U.) angesiedelt.

Qualitätsweine mit Prädikat
Für Prädikatsweine gelten die höchsten Anforderungen bezüglich Traubengut, Reifegrad sowie Aromen- und Geschmacksprofil. Sie dürfen nicht aufgezuckert werden. Die Mindestmostgewichte unterscheiden sich je nach Anbaugebiet und Rebsorte. Prädikate (vor allem die der unteren Stufen) sagen nichts darüber aus, ob Weine am Gaumen trocken, halbsüß/lieblich oder süß sind.

→ **Kabinett** Leichte Weine aus reifem Traubengut. Geringer Alkoholgehalt. Mindestmostgewicht: 67–82° Oe.

→ **Spätlese** Durch die spätere Ernte höherer Alkoholgehalt als der Kabinett. Mindestmostgewicht: 76–90° Oe.

→ **Auslese** Vollreifes Traubengut, unreife Beeren werden ausgesondert. Mindestmostgewicht: 83–100° Oe.

→ **Beerenauslese** Aus überreifen und edelfaulen Trauben. Süß, lange lagerbar. Mindestmostgewicht: 110–128° Oe.

→ **Trockenbeerenauslese** Aus edelfaulen, rosinenartig eingeschrumpften Beeren. Süß und mehrere Jahrzehnte lagerbar. Oberste Qualitätsstufe. Mindestmostgewicht: 150–154° Oe.

→ **Eiswein** Mit gleichem Mostgewicht (110–128° Oe) wie die Beerenauslese geerntet, aber in gefrorenem Zustand bei mindestens –7 °C. Da das Wasser in den Beeren bei der anschließenden Pressung noch immer gefroren ist, tritt nur das delikate und süße Fruchtkonzentrat aus.

CLASSIC, GEWÄCHSE & CO.

Als ob die deutsche Weingesetzgebung für den Konsumenten nicht schon komplex genug wäre, gibt es seit dem Jahrgang 2000 bzw. 2001 auch Weine mit den Zusatzbezeichnungen »Classic« und »Selection«.
Classic steht für einen gebietstypischen, trockenen Wein von guter Qualität. Bei einem erlaubten Restzuckergehalt von bis zu 15 g/l kann »trocken« in diesem Fall aber auch leicht süßlich bedeuten … Das Label Selection steht für trockene Weine exzellenter Qualität. Ab 2005 gibt es in der Pfalz ein weiteres Gütezeichen: DC (Districtus Controllatus) Pfalz für regionaltypische Weine hoher Qualität. Auch sind da noch die verschiedenen Gewächse: »Erstes Gewächs« steht für einen Riesling oder Spätburgunder aus einer Rheingauer Spitzenlage. Die Auszeichnung »Großes Gewächs« wird nach erfolgreicher Verkostung durch den Verband der deutschen Prädikatsweingüter (VDP) verliehen.

Deutschland > Rebsortenweine

Auxerrois *140 ha*
WW jung trinken

Bacchus (Kreuzung [Silvaner x Riesling] x Müller-Thurgau) *2320 ha*
WW jung trinken

Cabernet Sauvignon *260 ha*
RW 3–6+ Jahre

Chardonnay *960 ha*
WW eher jung trinken

Domina (Kreuzung Portugieser x Spätburgunder) *350 ha*
RW einige Jahre lagerbar

Dornfelder *8200 ha*
RW 1–3+ Jahre

Elbling *650 ha*
WW jung trinken

Faberrebe (Kreuzung Weißburgunder x Müller-Thurgau) *850 ha*
WW eher jung trinken

Gewürztraminer *820 ha*
WW jung trinken; die Süßen können einige Jahre lagern.

Grauburgunder (Ruländer) *3800 ha*
WW jung trinken; Süßweine einige Jahre lagerbar

Gutedel *1330 ha*
WW jung trinken

Huxelrebe (Kreuzung Gutedel x Courtillier musqué) *780 ha*
WW jung trinken; Süßweine einige Jahre haltbar

Kerner (Kreuzung Trollinger x Riesling) *4600 ha*
WW jung trinken

Lemberger (Blaufränkisch) *1540 ha*
RW 1–4+ Jahre

GUT ZU WISSEN: *Deutsche Weine sind in der Regel unter dem Sortennamen im Handel. Die so genannten Cuvées werden aus mehreren Rebsorten assembiliert und häufig in Barriques ausgebaut. Wie auch*

CHARAKTERISTIKEN

→ Fruchtig-würzige Nase; milde Säure. Ist etwas kräftiger als der verwandte Weißburgunder.

→ Aromatisch, Muskatnuss, Kümmel, Litschi, Cassis, Holunder; kräftig.

→ Schwarze Beeren, grüne Paprika; gerbstoffreich. Nach Barriqueausbau geschmeidiger, mit Holz- und Röstaromen.

→ Fruchtige Noten (Apfel, Melone, tropische Früchte); frische Säure. Bei Barriqueausbau Vanille und Holznoten, Butter; körperreich, geschmeidigere Säure.

→ Kräftige Farbe; Brombeeren, Rauchnoten; körperreich. Mitunter etwas rustikal (gerbstoff- und säurereich).

→ Tiefdunkel; fruchtig, Sauerkirsche, Brombeere, Holunder; körper- und in der Jugend gerbstoffreich.

→ Recht neutrales Aroma, Apfel; spritzig, kräftige Säure.

→ Neutrales Bukett, Muskatnuss; meist süß oder edelsüß.

→ Rose, Litschi, exotische Früchte; körperreich, aber meist schlanker als im Elsass. Trocken oder süß.

→ Birne, Zitrusfrüchte, Nüsse, Butter; frische Säure, körperreich. Das Synonym Ruländer steht meist für süß ausgebaute, fleischige Grauburgunder mit Mandel- und Honignoten.

→ Geschmacksneutrale Sorte mit dezentem Mandelbukett. Kann schöne Terroirweine ergeben; eher säurearm und leicht.

→ Aprikosen, Rhabarber, Muskateller-Aroma; körperreich, kräftige Säure. Kann schöne edelsüße Weine erbringen.

→ Riesling-ähnliches, leicht krautiges Aroma, Zitrusfrüchte, Aprikose; kräftige Säure.

→ Dunkel; Kirsche, Brombeere, Waldbeeren, grüne Noten; körper- und gerbstoffreich, im Alter samtig. Weine ohne Prädikat sind weniger körper- und gerbstoffreich und einfach zu trinken.

in anderen Weinbauländern, können solche Barriqueweine leider maßlos überholzt sein, so dass ihre Sortenmerkmale nicht mehr wahrzunehmen sind.

Deutschland > Rebsortenweine (Fortsetzung)

Rebsorte	Bewertung	Farbe	Lagerung	Fläche
Merlot	■■■■□	RW	2–4 Jahre	*370 ha*
Morio-Muskat (Kreuzung Silvaner x Weißburgunder)	■■■□□	WW	jung trinken	*620 ha*
Müller-Thurgau (Rivaner)	■■■□□	WW	jung trinken	*15 000 ha*
Ortega (Kreuzung Müller-Thurgau x Siegerrebe)	■■■□□	WW	eher jung trinken	*750 ha*
Portugieser	■■■□□	RW	jung und eher kühl trinken	*4900 ha*
Regent (Kreuzung [Silvaner x Müller-Thurgau] x Chambourcin)	■■■□□	RW	eher jung trinken	*2040 ha*
Riesling	■■■■■	WW	Süße Prädikatsweine teilweise jahrzehntelang lagerbar, trockene mehrere Jahre.	*21 000 ha*
Scheurebe (Kreuzung Riesling x Silvaner)	■■■■□	WW	mehrere Jahre lagerfähig	*2000 ha*
Schwarzriesling	■■■□□	RW	eher jung trinken	*2500 ha*
Silvaner	■■■■□	WW	eher jung trinken; Süßweine mehrere Jahre lagerbar	*5600 ha*
Spätburgunder (Pinot noir)	■■■■■	RW	2–6+ Jahre	*10 600 ha*
St. Laurent	■■■□□	RW	einige Jahre lagern	*650 ha*
Trollinger (Vernatsch)	■■■□□	RW	jung trinken	*2600 ha*
Weißburgunder	■■■■□	WW	jung trinken	*3200 ha*

CHARAKTERISTIKEN

→ Beeren, Sauerkirsche, auch grasige Noten; geschmeidig und weich.

→ Muskateller-Aroma; schlank, frische Säure.

→ Einfach, blumig, Apfel, Muskatnuss, Aprikose; milde Säure

→ Zitrusfrüchte (Grapefruit, Orangen); interessante edelsüße Weine.

→ Helles Rubinrot; einfach, Rote Johannisbeere, Pfeffer, Pflaume; leichter Bitterton; wenig Gerbstoffe.

→ Kräftige Aromen, Kirsche, Johannisbeeren; körperreich/fleischig, milde Säure.

→ In der Jugend Pfirsich, Apfel, Aprikose, Rose, Grapefruit; im Alter Honig, Mandeln; von Schieferböden mineralische Noten, die sich mit zunehmender Reife in einen Petrolton verwandeln (z. B. Mosel-Saar-Ruwer); säurereich, trocken bis süß ausgebaut. Eine der besten Rebsorten überhaupt, komplex und finessenreich. Dank der hohen Säure auch bestens für Süßweine geeignet.

→ Aromatisch, Cassis, Mandarine, Grapefruit, Pfirsich, in schlechten Jahren Katzenpipi; säure- und körperreich. Meist halbsüß oder süß ausgebaut. Ergibt sehr gute Süßweine.

→ Fruchtig; Waldbeeren, Kirsche, Pflaume; saftige Säure, rund.

→ Eher neutral, Birne, Stachelbeere, Rauch, erdige Noten; frische Säure. Ergibt in Franken und Rheinhessen sehr schöne Süßweine.

→ Beeren (Himbeere, Erdbeere, Johannisbeere), Rauch, Mandeln, im Alter Leder, Pflaumen; rund.

→ Fruchtig, Weichselkirschen, schwarze Beeren; säure- und gerbstoffreich.

→ Helles Rot; Kirsche, Rote Johannisbeere; eher säurereich.

→ Eher neutrale Sorte. Nüsse, Apfel, Lindenblüte; frische Säure, recht körperreich.

		WEISS					ROT			
		Grüner Veltliner	Welschriesling	Müller-Thurgau	Weißer Burgunder	(Rhein-)Riesling	Zweigelt	Blaufränkisch	Blauer Wildbacher (Schilcher)	Diverse
Niederösterreich										
Wachau	*1390 ha*	●●●●●●		●●●		●●●	●●●			●
Kamptal	*3870 ha*	●●●●●●	●	●●●	●	●●●	●●●			●
Kremstal	*2170 ha*	●●●●●●	●	●●●	●	●●●	●●●			●
Traisental	*680 ha*	●●●●●●	●	●●●	●	●●●	●●●			●
Donauland	*2730 ha*	●●●●●●	●	●●●	●●●	●●●	●●●			●
Weinviertel	*15 900 ha*	●●●●●●	●●●	●●●	●●●	●	●●●●●●			●
Thermenregion	*2330 ha*	●●●	●	●	●●●	●	●●●	●		●
Carnuntum	*890 ha*	●●●●●●	●●●	●	●●●	●	●●●●●●	●●●		●
Burgenland										
Neusiedlersee	*8330 ha*	●●●●●●	●●●●●●	●●●	●●●	●	●●●●●●	●●●		●
Neusiedlersee-Hügelland	*3910 ha*	●●●●●●	●●●	●●●	●●●	●	●●●	●●●●●●		●
Mittelburgenland	*1880 ha*	●●●	●	●	●		●●●	●●●●●●		●
Südburgenland	*450 ha*	●	●●●	●	●	●	●●●	●●●●●●		●
Steiermark										
Südsteiermark	*1740 ha*		●●●●●●	●●●	●●●●●●	●	●●●●●●	●		●
Südoststeiermark	*1120 ha*		●●●●●●	●●●	●●●●●●	●	●●●●●●	●		●
Weststeiermark	*430 ha*		●	●	●●●		●		●●●●●●	
Wien										
Wien	*680 ha*	●●●●●●	●	●	●●●	●●●	●●●			●

WACHAUER WEINKATEGORIEN

Die Wachau hat für die trockenen Weißweine eigene Qualitätsstufen festgelegt. Die Aufzuckerung ist bei diesen Weinen generell verboten.

→ **Steinfeder** Leichter Wein mit maximal 11 Vol.-% Alkohol.

→ **Federspiel** Mindestens 17° KMW (85° Oe), max. 12,5 Vol.-% Alkohol.

→ **Smaragd** Mindestens 18,2°KMW (91° Oe).

DAC
(Districtus Austriae Controllatus)

Bezeichnung für herkunftskontrollierte Qualitätsweine mit gebietstypischen Merkmalen.

ALLGEMEINE QUALITÄTSSTUFEN

Das Mostgewicht wird in Österreich in Grad KMW (Klosterneuburger Mostwaage) gemessen, 1° KMW entspricht etwa 5° Oechsle (Oe).

Tafelwein
→ Mindestmostgewicht von 10,6° KMW (53° Oe).

Landwein
→ Mindestmostgewicht von 14° KMW (70° Oe).

Qualitätswein
→ Mindestmostgewicht von 15° KMW (75° Oe). Darf aufgezuckert werden.

→ **Kabinettwein** Mindestmostgewicht von 17° KMW (85° Oe). Aufzuckerung verboten. Max 13 Vol.-%.

→ **Prädikatsweine** Prädikatsweine dürfen nicht aufgezuckert und die Restsüße darf nicht nachträglich zugesetzt werden.

- → **Spätlese** Nach der allgemeinen Lese in vollreifem Zustand geerntete Trauben. Mindestmostgewicht von 19° KMW (95° Oe).
- → **Auslese** Trauben werden sorgfältig ausgelesen (keine unreifen, fehlerhaften oder kranken Beeren). Mindestmostgewicht von 21° KMW (105° Oe).
- → **Beerenauslese (BA)** Aus überreifen und edelfaulen Trauben. Mindestmostgewicht von 25° KMW (125° Oe).
- → **Eiswein** Trauben bei Lese und Kelterung gefroren. Mindestmostgewicht von 25° KMW (125° Oe).
- → **Stroh-/Schilfwein** Beeren vor der Kelterung mindestens drei Monate auf Stroh oder Schilf luftgetrocknet. Mindestmostgewicht von 25° KMW (125° Oe).
- → **Ausbruch** Ausschließlich aus auf natürliche Weise eingetrockneten Beeren (Edelfäule, Überreife) bereitet. Zur besseren Auslaugung darf dem Traubengut frisch gekelterter Traubenmost oder Spätlesewein aus derselben Lage beigegeben werden. Mindestmostgewicht von 27° KMW (135° Oe).
- → **Trockenbeerenauslese (TBA)** In der Regel aus edelfaulen, eingeschrumpften Beeren. Mindestmostgewicht von 30° KMW (150° Oe).

Österreich > Rebsortenweine

Blauer Burgunder (Pinot noir) *410 ha*
RW 3–6+ Jahre

Blauer Portugieser *2360 ha*
RW jung trinken

Blauer Wildbacher (Schilcher) *460 ha*
RW jung trinken

Blaufränkisch *2640 ha*
RW braucht etwas Zeit

Cabernet Sauvignon *310 ha*
RW 3–6+ Jahre

Chardonnay (Morillon) *440 ha*
WW einige Jahre lagerfähig

Frühroter Veltliner (Malvasier) *630 ha*
WW jung trinken

Grüner Veltliner *17 500 ha*
WW einfache Weine jung trinken

Müller-Thurgau (Rivaner) *3290 ha*
WW jung trinken

Muskat-Ottonel *420 ha*
WW trockene Weine jung trinken;
Dessertweine können gelagert werden.

Neuburger *1100 ha*
WW jung trinken

Riesling (Rheinriesling, Weißer Riesling) *1640 ha*
WW eher jung trinken, Spitzenweine 10+ Jahre

Roter Veltliner *260 ha*
WW jung trinken

Rotgipfler *120 ha*
WW

GUT ZU WISSEN: *Der Großteil der österreichischen Weine kommt als Sortenwein in den Handel. Populär sind auch die so genannten Cuvées*

CHARAKTERISTIKEN

→ Fruchtig, Himbeeren, Unterholz, Mandeln; weiche Tannine, elegant.

→ Fruchtig, mild, Veilchen; wenig Gerbstoffe, süffig.

→ Lachsfarben; grüner Apfel, Gras, würzig; säurereich.

→ Sehr fruchtig, schwarze Beeren (Brombeere), würzig, Pfeffer; in der Jugend säurereich.

→ Schwarze Beeren, grüne Paprika (intensiv bei unreifem Traubengut oder hohen Erträgen); kräftige Tannine. Bei Barriqueausbau Vanille und Röstaromen.

→ Blumig, Apfel, meist körperreich, filigraner in der Steiermark. Bei Barrique-ausbau Vanille, Holz und Röstaromen.

→ Neutrales Bukett, etwas Marzipan oder Nuss; körperreich, wenig Säure.

→ Würzige, pfeffrige Nase, Zitrusfrüchte, Gras; meist trocken ausgebaut. Die Spanne reicht von einfachen, dünnen, spritzigen Heurigenweinen (Wien) bis zu körperreichen, komplexen und lagerfähigen Spitzengewächsen. Weine aus heißen Jahrgängen und von Schiefer- oder Granitböden (z. B. Wachau) können eine deutlich mineralische Note aufweisen.

→ Leichtes, traubiges Muskateller-Aroma, Pfirsich, blumige Noten; wenig Säure.

→ Traubiges Muskateller-Aroma; wenig Säure. Trocken oder süß ausgebaut.

→ Eher neutrales Aroma, Nussaromen; angenehme Säure.

→ Pfirsich, Zitrusfrüchte, Aprikosen; in der Jugend nervige Säure. Weine aus heißen Jahren und von Schiefer- oder Granitböden (z. B. Wachau) sind meist mineralisch.

→ Oft unbedeutend, dünn und säurebetont. Die besten Weine haben eine intensive Nase, duften nach Rosinen, weisen eine rassige Säure und genügend Körper auf.

→ Tropische Früchte. Aromen, extrakt- und alkoholreich. Wird zusammen mit dem Zierfandler zum körperreichen Gumpoldskirchener verarbeitet.

aus mehreren Rebsorten, die sich häufig an internationalen Vorbildern orientieren: alkohol- und extraktreich, im Barrique ausgebaut.

Österreich > Rebsortenweine (Fortsetzung)

Ruländer (Grauburgunder, Pinot gris) *290 ha*
WW mehrere Jahre lagerbar

Sauvignon blanc (Muskat Sylvaner) *310 ha*
WW 1–3 Jahre

St. Laurent *420 ha*
RW 2–6+ Jahre

Traminer *360 ha*
WW mehrere Jahre lagerfähig

Welschriesling *4320 ha*
WW jung trinken

Weißburgunder *2900 ha*
WW einige Jahre lagerbar

Zierfandler (Spätrot) *100 ha*
WW 1–8+ Jahre

Zweigelt (Rotburger) *4350 ha*
RW 2–6+ Jahre

CHARAKTERISTIKEN

→ Karamell, Brotrinde, Aprikose, Rauch, Kakao (bei voll ausgereiften Trauben); körperreich, geschmeidige Säure, extraktreich.

→ Würzig, Stachelbeeren, Schwarze Johannisbeeren, Holunderblüten; frische Säure. Bei überreifem Traubengut Spargelnote.

→ Sauerkirsche, schwarze Beeren; säurereich mit markanten Gerbstoffen. Gute Resultate bei voll ausgereiftem Traubengut und evtl. Barriqueausbau.

→ Intensives Aroma, Rose, getrocknete und tropische Früchte, würzig; wenig Säure, körperreich.

→ Fruchtig, Apfel; rassige Säure. Nicht verwandt mit dem hochwertigen (Rhein-) Riesling.

→ Nussig, körperreich, frische Säure. Bei Barriqueausbau Vanille, Holz- und Röstaromen.

→ Würzig, im Alter Honig und Nüsse. Wird zusammen mit dem Rotgipfler zum körperreichen Gumpoldskirchner verarbeitet.

→ In der Jugend sehr fruchtig, Kirschen, Beeren; körperreich. Kreuzung Blaufränkisch x St. Laurent

North Coast > Napa County & Napa Valley AVA		WEISS: Chardonnay	WEISS: Chenin blanc	WEISS: Sauvignon blanc	ROT: Cabernet Sauvignon	ROT: Zinfandel	ROT: Merlot	ROT: Pinot noir	Diverse
Howell Montain	■■■□ WW	••••••							
	■■■■ RW				•••	•••	●●●		
Mount Veeder	■■■□ WW	••••••							•
	■■■□ RW				••••••	•	•		•
Oakville	■■■□ WW	•••	•	•					
	■■■■ RW				••••••	•	•		•
Rutherford	■■■■ RW				●●●●●●				•
Spring Mountain	■■■□ WW	••••••							•••
	■■■□ RW				•••		•••	•	•••
Stag's Leap	■■■□ WW	•		•••					•
	■■■■ RW				●●●●●●		•		•
Carneros (in Napa und Sonoma County)	■■■■ Sch	••••••						••••••	•••
	■■■■ WW	●●●●●●							•
	■■■■ RW				•		•	●●●●●●	•

GUT ZU WISSEN: *Kalifornischer Wein kommt als »Varietal« (unter dem Rebsortennamen) oder als »Blend« (Verschnitt mehrerer Rebsorten) auf den Markt. Aber aufgepasst: Steht auf dem Etikett »Cabernet Sauvignon«, dürfen bis zu 25 % andere Rebsorten enthalten sein.*

	WEISS			ROT				
	Chardonnay	Chenin blanc	Sauvignon blanc	Cabernet Sauvignon	Zinfandel	Merlot	Pinot noir	Diverse
North Coast > Sonoma County								
Alexander Valley								
■■□□ WW	○○○	○	○○○					○○○○○○
■■■□ RW				○	●	○		○
Dry Creek Valley								
■■■□ WW	○○○	○	○○○○○○					
■■■□ RW				○	●●●●●●		○	
Russian River Valley								
■■■□ WW	●●●●●●		●					○
■■■■ RW				○	●	○	●●●●●●	○
Sonoma, -Mountain, -Coast								
■■□□ WW	○○○○○○		○○○					○
■■□□ RW				○○○○○○	○○○	○○○	○○○	○
North Coast > Mendocino & Lake County								
Anderson Valley								
■■□□ WW	○○○		○○○					○○○
■■□□ RW				○○○	○○○		○○○	○○○
Clear Lake								
■■□□ WW			○○○○○○					
■■□□ RW				○○○	○○○			

GUT ZU WISSEN: *Die amerikanischen Appellationen heißen AVA (American Viticultural Area). Achten Sie genau auf das Etikett: Auch namhafte Produzenten verkaufen unter ihrem Label Billigwein, der nicht über die Ursprungsbezeichnung »Californian Wine« hinausgeht und in der Regel aus dem Central Valley oder einem anderen Massenanbaugebiet stammt.*

Die AVAs geben keine verbindlichen Regelungen über Rebsorten oder Weinbaupraktiken vor, sind aber dennoch ein Schritt in Richtung europäischer Appellationssysteme.

	WEISS			ROT				
	Chardonnay	Chenin blanc	Sauvignon blanc	Cabernet Sauvignon	Zinfandel	Merlot	Pinot noir	Diverse
Central Coast > San Francisco Bay								
Livermore Valley								
■■■□ WW	○○○○○○		●●●					○
■■□□ RW				○○○○○○	○			○
Santa Cruz Mountains								
■■■□ WW	○○○○○○							○○○
■■□□ RW				○○○	○		○○○	○
Central Coast > Monterey County								
Arroyo Seco								
■■□□ WW	○○○○○○							○○○
■■□□ RW				○○○○○○		○○○		○
Santa Lucia Highlands								
■■□□ WW	○○○○○○							○○○
■■□□ RW				○○○		○○○		○
Central Coast > San Luis Obispo County								
Arroyo Grande								
■■■□ Sch	○○○						○○○	○○○
Edna Valley								
■■□□ WW	○○○○○○							
Paso Robles								
■■■□ RW				○○○	●●●			○

		Chardonnay	Chenin blanc	Sauvignon blanc	Cabernet Sauvignon	Zinfandel	Merlot	Pinot noir	Diverse
		WEISS			ROT				
Central Coast > Santa Barbara County									
Santa Maria Valley ■■■□	WW	••••••		•					•
■■■□	RW				•		•	••••••	•
Santa Ynez Valley ■■■□	WW	•••							
■■■□	RW	•••		•••	•••	•			
Central Valley									
Clarksburg ■□□□	WW	•••	•••						•••
■□□□	RW				•••		•••		•••
Lodi ■□□□	WW	•••							•••
■□□□	RW				•••	••••••			
Sierra Foothills									
El Dorado ■■■□	WW	•••							••••••
■■■□	RW				•••	••••••			•
Fiddletown ■■■□	RW					••••••			•
Shenandoah Valley ■■■□	RW					••••••			•

Kalifornien > Rebsortenweine

Cabernet Sauvignon
RW 3–8+ Jahre

Chardonnay
WW jung trinken, Topweine 5+ Jahre

Chenin blanc
WW jung trinken

Merlot
RW 2–5+ Jahre

Mourvèdre
RW 2–6+ Jahre

Petite Sirah
RW 5–10+ Jahre.

Pinot noir
RW 2–6+ Jahre

Sauvignon blanc (Fumé blanc)
WW jung trinken, Spitzenweine einige Jahre lagerbar

Syrah
RW 2–10+ Jahre

Viognier
WW jung trinken

Zinfandel
RW 2–6+ Jahre

GUT ZU WISSEN: *Zinfandel ist identisch mit dem italienischen Primitivo.*

CHARAKTERISTIKEN

→ Schwarze Beeren, Kräuter (North Coast); vegetabile/krautige Noten, grüne Paprika (Central Coast); Pflaume, Rosinen (Central Valley); Minze, Eichenholz, Vanille (bei Barrique- bzw. Holzbehandlung); körperreich bis fleischig; Die besten kommen meist aus dem Napa Valley und sind mitunter recht tanninreich.

→ Apfel, Kräuter, Ananas, Zitrone, Honig, bei Eichenholzbehandlung Toast, Butter und fleischige Fülle. Spitzenweine sind rar.

→ Eher mild, fruchtig, Honigmelone, Eichenholz; körper- und recht säurereich, oft leicht süß ausgebaut. Nicht zu vergleichen mit dem Original von der französischen Loire.

→ Beeren, Pflaume, Eichenholz. Die meisten Merlots kommen als unbedeutender »Californian Merlot« auf den Markt, industriell getunt, gerbstoffarm und oft leicht süßlich.

→ Dunkel; schwarze Beeren, erdige Noten, Kräuter; fleischig.

→ Dunkel; würzig, gedörrte Früchte; tannin- und körperreich.

→ Beeren, Kirschen, Pflaumen, Laub, würzige Noten, Kräuter, getrocknete Früchte; meist körperreich. Wirklich gute Weine sind eher rar.

→ Kräftige Aromen und eher schlank. Aus kühleren Gegenden grasig, Kräuter, grüne Paprika, Spargel, aus wärmeren Zonen melonenfruchtig. Bei Holzausbau, Chipszugabe oder wenn verschnitten, z. B. mit Sémillon: Eichenholz, Butter, Vanille, fleischige Fülle.

→ Dunkle Früchte (schwarze Kirschen, Pflaumen), Kakao, Schokolade, aus kühleren Zonen Pfeffer. Bei Barriqueausbau (oder Chipszugabe) Röstaromen und Vanillenoten. Fleischig und extraktreich, vor allem aus Sierra Foothills.

→ Intensiver Duft, Aprikosen, blumige Noten; körperreich, wenig Säure. Anspruchsvolle Rebsorte.

→ Üppige Frucht, Beeren (Brombeeren, Himbeeren), Pflaume, Eichenholz; bei sehr reifem Traubengut portweinähnlich; fleischig, alkoholreich. Die kräftigsten Exemplare, von uralten Rebstöcken, kommen aus Sierra Foothills.

Argentinien > Regionen

Region	Fläche	Bewertung		Torrontés	Chardonnay	Chenin blanc	Malbec	Bonarda	Cabernet Sauvignon	Syrah	Diverse
				WEISS			ROT				
Mendoza	*145 000 ha*	■■□□	WW	•	•	•					•
		■■■□	RW				•••	•••	•	•	•
San Juan	*47 000 ha*	■□□□	WW								•••

Argentinien > Rebsortenweine

Bonarda
■■□□ RW jung trinken

Cabernet Sauvignon
■■■□ RW 2–5 Jahre

Chardonnay
■■■□ WW jung trinken

Chenin blanc
■■□□ WW jung trinken

Malbec
■■■□ RW 2–6+ Jahre

Syrah
■■■□ RW 2–5 Jahre

Torrontés
■■□□ WW ganz jung trinken

GUT ZU WISSEN: *Beim Torrontés halten Sie sich am besten an die Weine aus dem Salta-Gebiet. Saltas Weinberge zählen zu den weltweit höchstgelegenen (1400–1900 m. ü. M).*

Malbec ist die Paradesorte Argentiniens schlechthin.

	WEISS			ROT				
	Torrontés	Chardonnay	Chenin blanc	Malbec	Bonarda	Cabernet Sauvignon	Syrah	Diverse
La Rioja *7900 ha* WW	●●●●●●							●●●
Catamarca, Salta, Jujuy *4500 ha* WW	●●●●●●							●
RW				●●●	●●●	●●●	●	●

CHARAKTERISTIKEN

→ Aromatisch, fruchtig.

→ Dunkel; Schwarze Johannisbeere, reife Früchte; fleischig.

→ Äpfel, tropische Früchte; bei Barriqueausbau Butter, Vanille; geschmeidige Säure.

→ Blumig; recht säurereich. Infolge intensiver Bewässerung deutlich banaler als von der französischen Loire.

→ Dunkel; Brombeeren, Pflaumen, Kirschen, Heidelbeeren, Veilchen, würzig, Eiche; körperreich/fleischig. Weichere Gerbstoffe als in französischen Malbec-Weinen (vgl. Cahors).

→ Beeren, reife Früchte, Marmelade; körperreich, elegant.

→ Aromatisch, blumig, Muskateller-Note, würzig; eher körperreich.

NAMEDROPPING: *Wussten Sie, dass es nicht nur in Spanien sondern auch in Argentinien ein Weinbaugebiet mit dem Namen Rioja gibt? Aufgepasst: Argentinische Riojas werden auch nach Europa exportiert.*

			WEISS			ROT			
		Chardonnay	Sauvignon blanc	Semillón	Cabernet Sauvignon	Merlot	Carmenère	País	Diverse
Aconcagua									
Aconcagua 1200 ha	■■■□ RW				●●●	●●	●		●
Casablanca 3600 ha	■■■□ WW	●●●	●●	●					●
	■■■□ RW				●	●●	●		●
Region del Sur									
Itata 11 800 ha	■□□□ WW	●							●●●
	■□□□ RW				●			●●●	●
Bío-bío 2000 ha	■□□□ RW							●●●	●

Valle Central

		WEISS			ROT				
		Chardonnay	Sauvignon blanc	Semillón	Cabernet Sauvignon	Merlot	Carmenère	País	Diverse
Maipo *9500 ha*	■■□□ WW	○○○	○	○					○
	■■■□ RW				●●●●●●	○○○	○		○
Rapel (Cachapoal, Colchagua) *29 000 ha*	■■□□ WW	○○○	○	○					○
	■■■□ RW				○○○○○○	●	○		○
Curicó *17 000 ha*	■■□□ WW	○○○	○○○○○○	○					○
	■■■□ RW				○○○○○○	○○○	○	○	○○○
Maule *28 000 ha*	■■□□ WW	○○○	○○○	○○○					○
	■■□□ RW				○○○○○○	○○○	○	○○○○○○	○

Chile > Rebsortenweine

Cabernet franc
■■□□ RW 1–3 Jahre

Cabernet Sauvignon
■■■■ RW 2–6+ Jahre

Carmenère
■■□□ RW eher jung trinken

Chardonnay
■■■□ WW 1–3 Jahre

Merlot
■■□□ RW 1–4 Jahre

País
■□□□ RW jung trinken

Pinot noir
■■■□ RW 1–4 Jahre

Sauvignon blanc
■■■□ WW jung trinken

Semillón (Sémillon)
■■□□ WW jung trinken

NAMEDROPPING: *Almaviva ist der Kultwein Chiles. Das Weingut gehört dem chilenischen Großproduzenten Concha y Toro und der Baronesse Philippine de Rothschild von Château Mouton Rothschild aus dem Bordelais.*

CHARAKTERISTIKEN

→ Kräuter, vegetabil; eher schlanker Körper.

→ Schwarze Johannisbeeren, Brombeeren, Minze/Menthol; bei Barriqueausbau Vanille und Röstaromen; körperreich/fleischig, recht sanfte Tannine. Weine aus stark bewässerten Böden erinnern an Fruchtbonbon.

→ Würzig, reife Früchte, mineralische Noten, vegetabil; sanfte Tannine, geschmeidige Säure.

→ Äpfel, Birne, Zitrusnote, tropische Früchte; bei Barriqueausbau Butter, Vanille; geschmeidige Säure; meist schlanker als andere Neue-Welt-Chardonnays, vor allem, wenn sie aus dem Casablanca-Tal stammen.

→ Pflaumen, reife, schwarze Beeren, erdige Noten, Kakao; bei Barriqueausbau Vanille und Röstaromen; weiche Tannine, geschmeidige Säure. Merlot-Weine sind häufig mit der würzigen Carmenère vermischt.

→ Einfach und ausdruckslos. Ist die meistangebaute Rebsorte Chiles.

→ Himbeere, Erdbeere, erdige Noten, Eichenholz.

→ Stachelbeere, Kräuter; eher schlank. Diese Sorte wird im Rebberg oft mit der einfacheren Sauvignonasse verwechselt und weist dann entsprechend weniger sortentypische Aromen auf.

→ Wenig Aroma, körperreich. Wird nach und nach durch andere Rebsorten ersetzt.

Südafrika

Region	Typ	Chardonnay	Chenin blanc/Steen	Sauvignon blanc	Cabernet Sauvignon	Pinotage	Merlot	Shiraz	Diverse
		WEISS			ROT				
Region Stellenbosch *17 400 ha* mit Stellenbosch, Constantia, Durbanville	■■■□ WW	•	•••	●●●					•
	□■■□ RW				●●●●●●	•	•••	•••	•
	□■■□ SüW		•••						•••
Region Malmesbury *15 200 ha* mit Darling, Swartland, Piketberg	■■□□ WW	•	••••••	•					•
	■■□□ RW				•••	•••	•	•••	•
Region Paarl *18 000 ha* mit Paarl, Franschhoek, Tulbagh	■■■□ WW	•	••••••	•					•
	■■■□ RW				●●●●●●	•	•	•••	•

GUT ZU WISSEN: *Noch immer wird in Südafrika mehr Masse als Klasse produziert. Viele Nischenerzeuger bringen aber regelmäßig sehr schöne Weine zu meist vernünftigen Preisen auf den Markt. Geschmacklich positionieren sich die Weine zwischen den eher terroirbetonten europäischen und den von Röstaromen geprägten, oft überextrahierten Produkten aus der übrigen Neuen Welt.*

Region	Fläche	Bewertung	Weinart	Chardonnay	Chenin blanc/Steen	Sauvignon blanc	Cabernet Sauvignon	Pinotage	Merlot	Shiraz	Diverse
				WEISS			ROT				
Region Worcester mit Walker Bay, Elgin, Overberg	*18 800 ha*	■■□□	WW	•	••••••	•					••••••
		■■□□	RW				•	•	•	•	•
Region Robertson	*12 800 ha*	■■■□	WW	•••	•••	•					•••
		■■■□	RW				•••	•	•	•	•
Region Little Karoo	*3000 ha*	■■□□	WW	•	••••••	•					••••••
		■■□□	RW				•	•	•	•	•
		■■■□	Portwein-Stil								•••
Region Olifants River	*9800 ha*	■□□□	WW	•	••••••	•					••••••
		■□□□	RW				•	•	•	•••	•

Südafrika > Rebsortenweine

Cabernet franc
RW 2–6+ Jahre

Cabernet Sauvignon
RW 3–8+ Jahre

Chardonnay
WW 1–3 Jahre

Chenin blanc (Steen)
WW trockene Weine jung trinken

Colombard
WW jung trinken

Merlot
RW 2–6+ Jahre

Pinot noir
RW 2–6+ Jahre

Pinotage (Pinot noir x Cinsault)
RW 2–6+ Jahre

Sauvignon blanc
WW 1–4 Jahre

Sémillon
WW eher jung trinken

Shiraz (Syrah)
RW 3–8 Jahre

Viognier
WW jung trinken

CHARAKTERISTIKEN

→ Kräuter, vegetabil, Himbeere; eher schlanker Körper.

→ Schwarze Johannisbeeren, Brombeeren, Eichenholz; bei Barriqueausbau Vanille und Röstaromen; körperreich/fleischig, recht sanfte Tannine. Weine aus stark bewässerten Böden erinnern an Fruchtbonbon.

→ Apfel, Zitrusnote, tropische Früchte; bei Barriqueausbau Butter, Vanille, Rauch, Holz; geschmeidige Säure. Sind meist schlanker als beispielsweise die kalifornischen Chardonnays, außer sie stammen aus heißen Zonen wie z. B. Robertson oder Worcester.

→ Fruchtig, tropische Früchte, Zitrus, im Alter Toast und Honignoten. Präsente, jedoch sanftere Säure als bei den Loire-Weinen. Trockene bis liebliche oder süße Varianten.

→ Leicht fruchtig, meist neutrales Aroma, gefällig.

→ Pflaume, würzige Noten; sanfte Gerbstoffe, geschmeidig.

→ Kirsche, Beeren, vegetabile und erdige Noten; eher schlank.

→ Beeren, Pflaume, Banane, Rauch, erdig; meist elegant und körperreich. Sehr anspruchsvolle Rebsorte: Unreifes Traubengut, Überkelterung oder nicht optimal verlaufene Gärung führen zu chemischen Noten (Lack), Gummi, Bitterkeit.

→ Sehr aromatisch, Grapefruit, Stachelbeere, Litschi, Gras, Buchsbaum; meist schlank und elegant. Weine aus knapp gereiften Trauben riechen nach Katzenpipi.

→ Zitrusfrüchte, Wachs; körperreich. Wenn reif geerntet, ähnelt er in der Nase dem Sauvignon blanc.

→ Schwarze Früchte, Brombeere, würzig, im Alter animalische Noten, Rauch, Pfeffer; tannin- und körperreich.

→ Aromatisch, Aprikosen; Blumen; korperreich, eher wenig Säure. Hinsichtlich An- und Ausbau sehr anspruchsvolle Traube.

	WEISS			ROT				
	Chardonnay	Semillon	Riesling	Cabernet Sauvignon	Shiraz	Merlot	Pinot noir	Diverse
New South Wales								
Lower Hunter Valley *2500 ha* (warm und feucht)								
□■■■ WW	○○○○○○	●●●						○○○
□■■■ RW				○	●●●	○		○
Upper Hunter Valley *1500 ha* (warm, weniger Regen als im Lower Hunter)								
□■■■ WW	●●●●●●	○○○						○○○
Mudgee (eher warm) *2100 ha*								
■■■□ WW	○○○	○	○					○
■■□□ RW				○○○○○○	○○○○○○	○	○	○
Riverina (heiß) *9730 ha*								
■■□□ WW	○○○	○○○○○○						○○○
■■□□ RW				○○○	○○○○○○	○		○
□■■■ SüW		●●●						○○○

GUT ZU WISSEN: Das Klima entscheidet
Weine aus kühleren Zonen sind in der Regel komplexer, raffinierter und den europäischen näher. In heißen Regionen geraten sie meist üppiger und wirken mitunter recht langweilig, die Roten tendieren zu Marmelade, die Weißen zu cremiger, oft mit Holznoten bedeckter Textur.

			WEISS			ROT			
		Chardonnay	Semillon	Riesling	Cabernet Sauvignon	Shiraz	Merlot	Pinot noir	Diverse
Victoria									
Geelong (kühl) 360 ha	■■□□ WW	••••••		•					•
	■■■□ RW				•••	•••	•	●●●●●●	•
Goulburn Valley (eher warm) 730 ha	■■■□ WW	••••••		•••					•••
	■■■□ RW				••••••	••••••	•		•
Grampians/Great Western (kühl) 650 ha	□■■■ Sch	•••				•••		•••	•••
	■■□□ WW	••••••		•					•
	■■■□ RW				•••	●●●●●●	•	•	•
Macedon Ranges (kühl) 140 ha	□■■□ Sch	••••••						••••••	
	■■■□ WW	••••••	•	•					•
	■■■□ RW				•••	•••		●●●●●●	•
Mornington Peninsula (eher kühl) 1000 ha	■■■□ WW	●●●●●●		•					•••
	■■■□ RW				•••	•	•	••••••	•
Yarra Valley (kühl) 2400 ha	■■■■ WW	●●●●●●	•	•					•
	■■■■ RW				●●●	•	•	●●●●●●	•

NAMEDROPPING: *Der wohl berühmteste und teuerste Rotwein Australiens ist der Grange von Penfolds.*

GUT ZU WISSEN: *Unglaublich, in welchen Mengen und zu welchen Preisen australische Industrieweine auf den Markt gepusht werden (siehe Kapitel »Aus dem Zauberland«)! Halten Sie sich deshalb an Angebote, die auch etwas kosten und deren Herkunft genauer bezeichnet ist als beispielsweise nur mit »South Australian Chardonnay«*

Südaustralien

Region	Fläche		Qualität	Chardonnay	Semillon	Riesling	Cabernet Sauvignon	Shiraz	Merlot	Pinot noir	Diverse
				WEISS			ROT				
Adelaide Hills (kühl)	2190 ha	WW	■■■□	**•••**	••	•					
		RW	■■■□				••	••	•	**••**	•
Adelaide Plains (heiß)	730 ha	WW	■■□□	••	•	•					
		RW	■■□□				••	•••	••		••
Barossa Valley (warm)	9000 ha	WW	■■■□	••	••	••					•
		RW	■■■■				••	**•••**	•	•	••
Clare (eher warm)	4200 ha	WW	■■■□	••	•	**•••**					••
		RW	■■■□				**•••**	•••	•		••
Coonawarra (eher kühl)	5000 ha	WW	■■■□	•••		••					•
		RW	□■■■				**•••**	**••**	•	•	•
Eden Valley (kühl)	950 ha	WW	■■■□	•	•	**•••**					•
		RW	■■■□				••	•	•	•	•
Langhorne Creek (warm)	4740 ha	WW	■■□□	••		•					•
		RW	■■■□				•••	•••	•	•	•
McLaren Vale (warm)	4690 ha	WW	■■□□	•••	•	•					
		RW	■■■□				••	**•••**	•	•	•
Riverland (heiß)	19 200 ha	WW	■□□□	••							•••
		RW	■□□□				••	••			•••

Westaustralien

		WEISS			ROT				
		Chardonnay	Semillon	Riesling	Cabernet Sauvignon	Shiraz	Merlot	Pinot noir	Diverse
Geographe (warm) WW	*640 ha*								
RW									
Great Southern (eher kühl) WW	*1700 ha*								
RW									
Margaret River (eher kühl) WW	*2200 ha*								
RW									
Pemberton (kühl) WW	*300 ha*								
RW									
Swan District (heiß) WW	*800 ha*								
RW									

Australien > Rebsortenweine

Chardonnay
WW Aus warmen Zonen eher jung trinken,
Wein aus kühleren Zonen kann einige Jahre gelagert werden.

Cabernet Sauvignon
RW 3–10+ Jahre

Grenache
RW 2–8 Jahre

Mourvèdre (Mataro)
RW 2–8 Jahre

Merlot
RW 1–5 Jahre

Pinot noir
RW 2–6+ Jahre

Riesling
WW 1–6+ Jahre

Sauvignon blanc
WW eher jung trinken

Semillon
WW Topweine bis zu 20 Jahre

Shiraz (Syrah)
RW 3–10++ Jahre

CHARAKTERISTIKEN

→ Aus warmen Zonen oder bei Holzfassausbau: Kräftiges Goldgelb; Pfirsich, Butter, Holz, Röstaromen (Toast); körperreich/fett, cremige Textur.

→ Aus kühleren Zonen: Pfirsich, Zitrus, Melone, Feigen; eher schlank und rassig.

→ Schwarze Johannisbeeren, rote und schwarze Früchte, Minze, Eukalyptus (besonders typisch für jungen Coonawarra); aus kühlen Gebieten auch vegetabile Noten. Bei Barriqueausbau Vanille und Röstaromen; körperreich/fleischig. Die warmen bzw. heißen Zonen eignen sich weniger für diese Rebsorte.

→ Fruchtig, würzig, Marmeladenoten; fleischig und alkoholreich, wenig Gerbstoffe. Wird meist mit Shiraz und Mourvèdre verschnitten.

→ Schwarze Beeren, würzig, Pfeffer; in der Jugend tanninbetont.

→ Wird in der Regel nur im Verschnitt mit Cabernet Sauvignon und/oder Shiraz verwendet: Pflaume, würzig, erdige Noten. Weiche Tannine.

→ Pflaume, Erdbeeren, Kirschen, Tabak, erdige Noten. Eher schlank. Diese Rebsorte eignet sich nur für den Anbau in kühleren Zonen.

→ Die besten Rieslinge wachsen in kühlen Zonen (»Deutschland-Klima«): Eher blasse, grünliche Farbe; Zitrone, Limone, manchmal auch mineralische Noten, im Alter Röstaromen; frische Säure, meist trocken, gelegentlich leicht süßlich. In wärmeren Regionen tendieren die Weine zu stark tropischen Aromen (u. a. Passionsfrucht), geringerer Säure, mehr Körper und einer kürzeren Lagerfähigkeit.

→ Nur interessant aus kühleren Gebieten, am besten ohne Holzausbau: Fruchtig, Stachelbeere, Kräuter, mineralische Noten, rassige Säure.

→ Goldene Farbe; grasig-grünliche Aromen, Kräuter, Zitrus, Eichenholz, im Alter Feigen, Nüsse, Honig, Butter, verbrannter Toast; fleischig, eher wenig Säure, cremige Textur. Aus kühleren Klimazonen meist schlanker.

→ In warmen Regionen dunkle Früchte (schwarze Kirschen, Brombeeren, Pflaumen), Kakao, Schokolade, Minze, Eukalyptus, erdige und manchmal auch leicht schwefelige Noten. Bei Barriqueausbau (oder Chipszugabe) Röstaromen und Vanillenoten. Fleischig und extraktreich. Im Hunter Valley etwas schlanker als im Barossa Valley oder im McLaren Vale.
In Weinen aus kühleren oder unbewässerten Zonen ist das typische Aroma der Rhône-Weine erkennbar: pfeffrige Würze. Sie sind weniger üppig, dafür komplexer.

Nordinsel

Region	Fläche	Qualität		WEISS: Sauvignon blanc	WEISS: Chardonnay	WEISS: Riesling	ROT: Pinot noir	ROT: Merlot	ROT: Cabernet Sauvignon	Diverse
Auckland, Waiheke Island	*590 ha*	■■□□	WW	●	●●●●●●					●
		■■■□	RW				●	●●●	●●●●●●	●
Waikato, Bay of Plenty	*150 ha*	■■□□	WW	●	●●●●●●					
		■■□□	RW						●●●	
Gisborne	*1810 ha*	■■□□	WW	●	●●●●●●	●				●●●
		■■□□	RW				●	●		●
Hawke's Bay	*3880 ha*	■■■□	Sch		●●●		●●●			●
		■■■□	WW	●●●	●●●●●●	●				●
		■■■■	RW				●	●●●	●●●●●●	●
Wairarapa, Martinborough	*740 ha*	□■■■	WW	●●●	●●●					●
		□■■■	RW				●●●●●●	●	●	●

Südinsel			WEISS: Sauvignon blanc	WEISS: Chardonnay	WEISS: Riesling	ROT: Pinot noir	ROT: Merlot	ROT: Cabernet Sauvignon	ROT: Diverse
Nelson		*550 ha*							
■■■□	WW		●	●	●				●
■■□□	RW					●	●	●	●
Marlborough		*8540 ha*							
□■■■	Sch			●		●			●
■■■■	WW		●	●	●				●
■■■□	RW					●	●		●
Canterbury, Waipara		*720 ha*							
■■□□	WW		●	●	●				
■■□□	RW					●	●	●	●
Otago		*850 ha*							
■■■□	WW			●	●				●
■■□□	RW					●			●

Neuseeland > Rebsortenweine

Cabernet Sauvignon
RW 3–8 Jahre

Chardonnay
WW eher jung trinken

Merlot
RW 2–6 Jahre

Pinot noir
RW 2–8 Jahre

Riesling
WW eher jung trinken; Süßweine bis 10 Jahre und mehr

Sauvignon blanc
WW jung trinken

Sémillon
WW eher jung trinken

GUT ZU WISSEN: *Die Weine kommen sowohl sortenrein als auch verschnitten (»Blends«) auf den Markt. Die Kellermeister Neuseelands dürfen ihre Weine weitgehend frei von Vorschriften optimieren, echte Terroirweine sind eher rar.*

CHARAKTERISTIKEN

- → Schwarze Beeren, Pflaume, Kakao/Schokolade, Eichenholz. Außer in Waiheke meist mit einer vegetabilen Kräuternote und kernigen Gerbstoffen. Die Cabernet-Merlot-Blends sind etwas sanfter. Körperreich.
- → Pfirsich, Zitrusnoten, Grapefruit, Ananas, Melone, Apfel. Bei Eichenholzbehandlung buttrige, nussige Holznoten und fleischige Fülle. Filigraner aus den kühleren Zonen im Süden.
- → Beeren, rote Kirschen, würzig; angenehme Gerbstoffe.
- → Himbeeren, Kirschen, Pflaume, würzig, krautig (bei unreifem Traubengut), Eichenholz; feingliedrig bis körperreich.
- → Fruchtig, Limone, mineralisch (Otago); frische/nervige Säure. Von (knochen)trocken bis leicht süßlich oder als Süßwein (Spätlese oder mit Edelfäule) ausgebaut.
- → Intensive Aromen, Stachelbeere, tropische Früchte (Passionsfrucht), Nektarine, grüne Paprika; frische Säure, körperreich. Bei Holzausbau, Chipszugabe oder wenn verschnitten, z. B. mit Sémillon: Butter, Vanille, fleischige Fülle. Mit zunehmendem Alter können sich Noten von Dosenspargel bilden.
- → Aromatisch, Kräuter, Gras; körperreich und weich.

TIPP: *Sauvignon-blanc-Weine sind Neuseelands Exportschlager, die aromatischsten stammen aus Marlborough. Die besten Pinot-noir-Weine aus Martinborough spielen in der oberen Weltliga mit.*

Das Weinangebot ist so groß wie nie zuvor: Der Konsument kann zwischen billigstem Industriewein und teuren Spitzenweinen aus aller Welt auswählen, und immer mehr Weine sind sich ähnlich.

Good Old Times

Vor einiger Zeit wurden die meisten Weine noch ganz traditionell erzeugt. Im Rebberg gab es Rebstöcke, die schon immer dort beheimatet waren, der Chardonnay gehörte noch weitgehend den Burgundern, der Cabernet Sauvignon dem Bordelais. Die Trauben wurden noch von Hand gelesen. Manchmal spielte das Wetter verrückt, so dass die Säure oder die Gerbstoffreife nicht optimal waren. Bei zu geringem Zuckergehalt der Beeren halfen Rübenzucker oder Traubenmostkonzentrat, der Most gärte mit den eigenen Hefen. Die Weine hatten Charakter. Mal mit mehr Körper, Säure, Tannin oder Bukett, mal mit weniger. Sie waren authentisch und zeigten das Geschick des Winzers. Die Abnehmer blieben ihren Winzern treu, in guten wie auch in weniger guten Jahren.

Modern Times

International gefragte Rebsorten werden in Rebbergen angepflanzt, die manchmal so groß sind, dass sie von Horizont zu Horizont reichen. Wo früher Heerscharen von Erntehelfern die gesunden Trauben ernteten und die faulen oder unreifen hängen ließen, rattern heute rebstockrüttelnde Traktoren, so genannte Vollernter, durch die Rebzeilen. In kürzester Zeit ist die Ernte eingebracht und wird in die nahe, manchmal aber auch hunderte Kilometer entfernte Weinfabrik gekarrt. Für die Gärung gibt es Spezialhefen, die gleich noch tropische, würzige oder andere gefragte Noten in den Traubensaft hineinzaubern können.

Bei zu spät geernteten Trauben wird der Most gesäuert oder auch mit Tanninpulver aufgepeppt, in miesen Jahren entzieht man Säure oder Gerbstoffe.

Sind die Beeren zu wässrig und fehlen Süße und Extrakt, stehen hilfreiche Zaubermaschinen bereit: Mit dem Mostkonzentrator wird der Traubensaft durch eine Membran gepresst und dadurch Wasser ausgeschieden (Umkehrosmose). Bei einem anderen Verfahren, der Vakuumverdampfung, wird ein starker Druck erzeugt, der den Wein bereits bei 18 °C zum Kochen bringt und das Wasser verdampfen lässt. Schlau auch, wer – statt mit klammen Fingern bei Frosttemperaturen im Rebberg zu arbeiten – die Beeren in eine Tiefkühlanlage steckt und sie dann, bei richtigem Gefriergrad, abpresst und auf diese Weise Eiswein erzeugt.

Auf den Ausbau in teuren Barriques (kleinen Eichenholzfässern mit 225 l Fassungsvermögen) wird vielerorts verzichtet: Das begehrte Vanille-Holz-Aroma lässt sich durch die Zugabe von Eichenholzchips einfacher und vor allem billiger in den Wein einbauen.

Übrigens: Die Mostkonzentration ist weltweit stark verbreitet, auch europäische Spitzenerzeuger setzen sie zur maßvollen Korrektur von Jahrgangsschwächen ein. Doch nach einigen Jahren des Experimentierens distanzieren sich die ersten Erzeuger bereits wieder von dieser Methode.

Die Rolle der Weinbauländer

Einige der oben erwähnten Methoden sind mittlerweile in allen Weinbauländern erlaubt, andere offiziell verboten, vor allem im europäischen Raum. Generell ist die Neue Welt experimentierfreudiger und hat laschere Weingesetze als der alte Kontinent. Muss sie auch, wenn man bedenkt, dass dort die Weinindustrie teils gigantische Ausmaße angenommen hat: Allein der weltweit größte Weinproduzent mit Sitz in Kalifornien wirft jährlich über 500 Millionen Flaschen Wein auf den Markt. Bei solchen Größenordnungen, aber auch schon bei 10 Millionen, kommt man mit traditionellen Rezepten nicht mehr weit …

Die Rolle der Weinkritiker

Alles schielt auf die international bekannten Weinkritiker und deren Publikationen: Was den Weinpäpsten gefällt, wird automatisch zum Kassenschlager. Und weil die Vorlieben dieser Verkoster auch den Produzenten bekannt sind, werden die Weine entsprechend modelliert – auf dass die Kasse bald klingle.

Erfreulicherweise entdecken immer mehr Weinpublizisten von neuem ihre Liebe zu authentischen Weinen und nehmen damit Abstand von den bislang propagierten Fruchtbomben.

Die authentischen Winzer

Es gibt sie! Weinerzeuger, die es verstehen, das Beste aus der traditionellen Weinwelt mit modernen Erkenntnissen und Mitteln zu verbinden. Leute, die ohne großen technisch-chemischen Schnickschnack charaktervolle Terroirweine hervorbringen. Gewächse, die mit Industrieweinen so wenig am Hut haben wie billiger Beuteltee mit erntefrischem Invoice-Tea.

Der Konsument

Das Konsumverhalten steuert die Weinproduktion. Mag der Verbraucher fleischige Fruchtbomben mit getuntem Tannin- und Säuregerüst, stellt sich die globale Weinindustrie darauf ein. Und solange »Geiz ist geil« in ist, werden die Supermärkte Flüssigkeiten in die Regale stellen, die mit einem Naturprodukt wenig gemeinsam haben.

Es bleibt zu hoffen, dass immer mehr Weinwissende mithelfen, andere Konsumenten und die Produzenten auf den Pfad der Tugend zurückzuführen und die Erzeuger authentischer Weine unterstützen, auch in klimatisch nicht ganz so guten Jahren.

REGISTER

G

H

I

J

N

O

BILDNACHWEIS

Umschlagfoto Stefan Braun

S. 6 *Château Latour, Bordeaux, Frankreich,* Hendrik Holler

S. 11 *Bordeaux Highlights, Frankreich,* Hendrik Holler

S. 21 *Kreidefelsen in der Champagne, Frankreich,* Hans-Peter Siffert

S. 30 *Hermitage la Chapelle im Rhônetal, Frankreich,* Hendrik Holler

S. 35 *St. Victoire in der Provence, Frankreich,* Hendrik Holler

S. 40 *Rebberge am Roussillon, Banyuls, Frankreich,* Hans-Peter Siffert

S. 44/45 *Schloss Bergerac, Frankreich,* Hans-Peter Siffert

S. 46 *Weingut la Madonna, Chianti in der Toskana, Italien,* Hans-Peter Siffert

S. 70 *Priorato, Spanien,* Hendrik Holler

S. 76 *Weinkeller, Valdepenãs, Spanien,* Hendrik Holler

S. 79 *Windmühlen bei La Mancha, Spanien,* Hendrik Holler

S. 82 *Portweinflaschen, Lissabon, Portugal,* White Star

S. 84 *Wallis, Schweiz,* Hans-Peter Siffert

S. 91 *Winter in der Ostschweiz,* Hans-Peter Siffert

S. 98 *Trockenmauern im Kamptal, Österreich,* Hans-Peter Siffert

S. 102/103 *Steilterassen in der Wachau, Österreich,* Hans-Peter Siffert

S. 92 *Schloss Vollrads im Rheingau, Deutschland,* Hendrik Holler

S. 104 *Carneros in Nappa Valley, Kalifornien,* Hendrik Holler

S. 110 *Luján de Cuyo in Mendoza,* Argentinien, Hendrik Holler

S. 112 *Caliterra, Colchagua Valley, Chile,* Hans-Peter Siffert

S. 112/113 *Aconcagua Valley, Chile,* Hans-Peter Siffert

S. 116 *Weingut Bellingham, Südafrika,* Hendrik Holler

S. 117 *Weingut Landskroon, Südafrika,* Hendrik Holler

S. 120 *Sonnenaufgang, Australien,* Hendrik Holler

S. 123 *Barossa Valley, Australien,* Hans-Peter Siffert

S. 126 *Fässerraum des Craggy Range Weinguts, Hawkes Bay, Australien,* Anneli Dierks

S. 126/127 *Waiheke Island, Neuseeland,* Hans-Peter Siffert

IMPRESSUM

Herzlichen Dank, Rosella, für alles.

Vielen Dank auch an Christophe von Ritter, Marc Strittmatter und an alle, die zum guten Gelingen dieses Projekts beigetragen haben.

Gesamtkonzept: Kurt Gibel
Projektleitung und Redaktion: Marc Strittmatter
Verlags- und Programmleitung: Dorothee Seeliger
Bildredaktion: Helene Aigner
Lektorat: Renate Haen
Gestaltung: independent Medien-Design, Kathrin Schemel
Herstellung: Markus Plötz
Satz: Filmsatz Schröter, München
Repro: Ludwig, Zell am See
Druck und Bindung: Druckhaus Kaufmann, Lahr

HALLWAG ist ein Unternehmen der
GRÄFE UND UNZER VERLAG GMBH, München,
GANSKE VERLAGSGRUPPE
leser-service@hallwag.de

ISBN (10) 3-8338-0244-8
ISBN (13) 978-3-8338-0244-7

GRÄFE UND UNZER

Hallwag

Ein Unternehmen der
GANSKE VERLAGSGRUPPE